企业风险防控 100 招

韦良军 ◎ 著

中国商业出版社

图书在版编目（CIP）数据

企业风险防控100招 / 韦良军著. -- 北京：中国商业出版社, 2022.8
 ISBN 978-7-5208-2097-4

Ⅰ. ①企… Ⅱ. ①韦… Ⅲ. ①企业管理—风险管理 Ⅳ. ①F272.35

中国版本图书馆CIP数据核字（2022）第114357号

责任编辑：包晓嫱
（策划编辑：佟 彤）

中国商业出版社出版发行
（www.zgsycb.com 100053 北京广安门内报国寺1号）
总编室：010-63180647　编辑室：010-83118925
发行部：010-83120835/8286
新华书店经销
香河县宏润印刷有限公司印刷

*

710毫米×1000毫米　16开　14印张　180千字
2022年8月第1版　2022年8月第1次印刷
定价：58.00元

****

（如有印装质量问题可更换）

前言

中国经济发展保持全球领先地位，不同规模的企业都有着非常广阔的发展空间，但在企业的实际经营活动中，必然会面临各种各样的风险。

俗话说，商场如战场，在市场经济条件下，企业所面临的竞争是非常残酷的，可能遭遇的风险来自方方面面：信誉不佳会影响企业经营，财务资金链断裂会让企业破产，内部组织混乱无序会让管理效率低下，生产中的安全事故可能让企业陷入泥潭，花大笔资金营销有时候相当于白白打了水漂，寻求创新突破又忧虑巨额投入最后会血本无归，好不容易迎来了扩张发展又容易步子大了伤元气，遭遇原材料价格上涨成本难以驾驭，在用工、合同、财税等方面又必然会有来自法律方面的风险……

万事万物有生就有灭，企业有生就有死，这是一个必然的规律。企业要想避免快速走向死亡，就必须要认真做好各方面的风险防控工作。

《企业风险防控100招》囊括了信誉风险防控、财务风险防控、组织风险防控、生产风险防控、成本风险防控、营销成本防控、人力风险防控、创新风险防控、扩张风险防控和法律风险防控，基本上涵盖了绝大多数企业可能出现风险的点，可以更好地帮助创业者做好企业风险防控工作，协助企业更好地规避风险，迎来更好的发展。

目 录

第一章
信誉风险防控：信誉是企业的生命

风险防控第1招　与新闻媒介保持友好合作 / 2

风险防控第2招　建立企业舆情监测制度 / 4

风险防控第3招　制定企业信誉风险防控预案 / 6

风险防控第4招　提升企业全员的信誉意识 / 8

风险防控第5招　企业要做好危机公关预案 / 9

第二章
财务风险防控：一根稻草压倒一匹骆驼

风险防控第6招　正确编制企业财务预算表 / 16

风险防控第7招　建立企业短期财务预警系统 / 18

风险防控第8招　建立企业长期财务预警系统 / 20

风险防控第9招　有效降低负债的潜在风险 / 22

风险防控第10招　科学投资，严控投资失败风险 / 24

风险防控第11招　健全内控程序，防止内部腐败 / 27

风险防控第12招　保持企业资本结构安全合理 / 29

1

风险防控第13招　减少呆账坏账，降低财务压力 / 30

风险防控第14招　降低库存，提高资金周转率 / 32

风险防控第15招　开辟多元、低成本融资渠道 / 35

风险防控第16招　合理分配利润，谨防财务紧张 / 37

风险防控第17招　做好投资人撤资的财务预案 / 39

风险防控第18招　密切关注政策与行业动态 / 41

风险防控第19招　依法纳税，做好税务风险监测 / 43

第三章
组织风险防控：堡垒从内部开始崩溃

风险防控第20招　明确每个组织成员的职权 / 48

风险防控第21招　搭建合理有序的业务流程 / 50

风险防控第22招　职位晋升程序公开、透明 / 53

风险防控第23招　搭建高效沟通的渠道平台 / 55

风险防控第24招　管理权限的边界与下放 / 56

风险防控第25招　做好组织内部矛盾的调和 / 58

风险防控第26招　科学、合理分配组织任务 / 61

风险防控第27招　提升组织的活力与效率 / 64

风险防控第28招　明确组织目标，强化凝聚力 / 66

风险防控第29招　搭建组织危机预控的管理体系 / 68

第四章
生产风险防控：必须扎扎实实做好生产

风险防控第30招　严把企业产品质量关 / 74

风险防控第31招　制定安全生产标准并严格执行 / 75

风险防控第32招　制定合理的企业生产标准 / 78

风险防控第33招　建立公平的生产绩效评估体系 / 79

风险防控第34招　保持生产过程的严格管理 / 81

风险防控第35招　建立生产质量检查、监督体系 / 82

风险防控第36招　做好企业生产计划与应急安排 / 84

风险防控第37招　定期检修、维护生产设备 / 85

风险防控第38招　保持生产环境卫生、规范、有序 / 87

风险防控第39招　做好生产人员的培训、教育工作 / 88

风险防控第40招　合理备货，保证及时交付产品 / 90

风险防控第41招　做好生产原材料的供应管理 / 92

第五章
成本风险防控：科学应对失控的成本

风险防控第42招　降低成本之布局上下游产业 / 98

风险防控第43招　降低成本之规模采购策略 / 99

风险防控第44招　降低成本之全面质量管理 / 101

风险防控第45招　降低成本之业务流程重组 / 102

风险防控第46招　降低成本之全员主动节约 / 104

风险防控第47招　降低成本之库存科学管理 / 106

风险防控第48招　降低成本之作业成本管理 / 108

风险防控第49招　降低成本之转移生产地区 / 110

风险防控第50招　降低成本之原材料预囤货 / 112

风险防控第51招　在全球范围内寻找成本洼地 / 113

第六章
营销风险防控：不营销，就难以有市场

风险防控第52招　企业产品定价要合理 / 118

风险防控第53招　做好产品供应控制 / 120

风险防控第54招　严控售后服务成本 / 122

风险防控第55招　设立营销投入警戒线 / 123

风险防控第56招　杜绝虚假宣传、营销 / 125

风险防控第57招　做好营销风险的识别 / 126

风险防控第58招　营销风险的衡量与评价 / 128

风险防控第59招　企业营销风险应对技术 / 130

风险防控第60招　做好企业营销风险应对预案 / 131

第七章
人力风险防控：从不会缺席的人力风险

风险防控第61招　重视员工的身体与心理健康 / 136

风险防控第62招　做好文化建设与人文关怀 / 137

风险防控第63招　遵守劳动法，防范用工风险 / 139

风险防控第64招　建立人力资源风险评估体系 / 141

风险防控第65招　做好企业人员流失预警管理 / 142

风险防控第66招　预控跨国人力资源风险 / 144

风险防控第67招　做好人力资源过剩的应对 / 145

风险防控第68招　处理人力资源短缺有预案 / 147

风险防控第69招　有效防范人员招聘中的风险 / 149

风险防控第70招　制定员工关系风险管控体系 / 150

第八章
创新风险防控：拒绝创新等于慢性自杀

风险防控第71招　做好企业创新危机的征兆识别 / 156

风险防控第72招　创新风险防控之充分市场调研 / 158

风险防控第73招　创新风险防控之用户体验为先 / 160

风险防控第74招　创新风险防控之少投入多产出 / 161

风险防控第75招　创新风险防控之速度越快越好 / 163

风险防控第76招　创新必须要考虑大批量生产 / 164

风险防控第77招　多家企业联合创新降低风险 / 165

风险防控第78招　做好技术创新相关的保密工作 / 167

风险防控第79招　充分保证企业创新所需资金 / 168

风险防控第80招　务必制定正确的企业创新战略 / 170

第九章
扩张风险防控：步子太大企业容易摔倒

风险防控第81招　做好企业扩张能力评估 / 176

风险防控第82招　合理控制企业扩张速度 / 177

风险防控第83招　及时升级企业管理能力 / 179

风险防控第84招　人力资源的补充要跟上 / 180

风险防控第85招　做好企业扩张的资金储备 / 182

风险防控第86招　决策应紧紧围绕企业战略 / 184

风险防控第87招　重视供求规律，不盲目扩张 / 186

风险防控第88招　做好兼并重组的内部整合 / 187

风险防控第89招　找出企业扩张的有效边界 / 189

风险防控第90招　建立企业扩张风险预测 / 190

第十章
法律风险防控：企业经营要守法、合规

风险防控第91招　选择适当的企业组织形式 / 196

风险防控第92招　搭建好企业总体股权架构 / 197

风险防控第93招　依法分配企业的经营利润 / 199

风险防控第94招　做好公司的资本管理工作 / 201

风险防控第95招　企业合同的监控与管理 / 202

风险防控第96招　劳动用工法律风险的防范 / 203

风险防控第97招　防范企业借贷与担保风险 / 205

风险防控第98招　不可忽视的知识产权风险 / 206

风险防控第99招　企业注销也要守法、合规 / 207

风险防控第100招　对诉讼相关事宜的处理 / 209

第一章
信誉风险防控：信誉是企业的生命

风险防控第1招　与新闻媒介保持友好合作

美国学者戴维斯·扬在《创建和维护企业的良好声誉》一书中说："任何一个团体组织要取得恒久的成功，良好声誉是至关重要的，声誉管理是一个价值不菲的产业。"在市场竞争越来越白热化的今天，企业与企业之间的竞争，不仅仅是产品质量的竞争，更是企业信誉的竞争。

建立良好的信誉，是一个日积月累的长期工作，但信誉的崩塌却常常是在一瞬间。比如，一个突发的新闻事件、个别消费者的投诉、内部员工网上的一个无心爆料等，都可能会引发企业的信誉危机。这就要求企业，不仅要重视良好信誉的建立，更要重点关注企业信誉风险，做好日常信誉风险的防控。

新闻媒介对企业的形象有着广泛而重要的影响，尤其是在信誉危机事件的处理中，能否和新闻媒介真诚合作、友好合作，直接影响着新闻媒介对企业形象的报道。在互联网时代，涌现出了一大批互联网媒介，甚至人人都是媒体，每一个拥有智能手机的人都可能成为信息的发布者，这就使得企业的信誉危机处理变得更复杂。

舆论的风向瞬息万变，相信每一个在网上蹲守"吃瓜"的人对此都有深切感悟，新闻事件的反转、再反转、多次反转都不是新鲜事。更多的可能性、更多的突发意外情况、更难以预料的舆论风向，企业倘若不能与新闻媒介保持友好的合作关系，那么，"三人成虎"，很容易会出现各种各样的谣言，会对企业信誉造成不必要的中伤。有句话是这样说的："造谣一张嘴，辟谣跑断腿。"所以，要想消除谣言带来的负面影响，可不是一件简单的事，因为谣言总是比真相更易传播。

那么，对于企业来说，怎样才能和新闻媒介保持友好关系，有效地防控企业信誉风险呢？

1. 与新闻媒介建立广泛联系

如今，不少企业为了宣传产品等需要都有自己的自媒体、广告等宣传渠道，不妨以此为渠道与新闻界建立广泛联系。比如，新品发布，就是与各类大V号、网红、媒体号、新闻记者等建立联系的好机会。但是，建立联系并不是最终目的，在建立联系后，还要与对方保持友好联络，只有这样，在企业遭遇信誉危机时，才能迅速在新闻媒介发出自己的声音，从而尽可能降低信誉危机造成的负面影响。

2. 搭建新闻发言人机制

建立新闻发言人机制，不仅可以有效地防控企业的信誉风险，还能够在新品发布、企业重大宣传活动中发挥积极作用。新闻发言人，看似只是一个人，但实际上背后有一套快速的沟通机制。比如，信息什么时候公布、公布的措辞等，必然是要在企业内部形成统一认识、经过反复讨论斟酌后才会最终由新闻发言人实行。只有企业内部建立了相关机制，在对外发声中，才能做到反应迅速、信息精准，避免出现自相矛盾的情况。

最后，企业对外发言，一定要遵循实事求是的原则。因为在这个人人都是媒体、处处都有摄像头的互联网世界，试图掩盖事实不仅无济于事，往往还会造成更加严重的后果。

风险防控第2招　建立企业舆情监测制度

移动互联网时代，人手一部智能手机，人人都是媒体。无疑，这给人们的工作、生活带来了很多便利，但与此同时也给企业的信誉风险防控工作带来了更大压力。要想防止关于企业的负面、虚假信息和谣言等被传播，就必须要做好各类网络舆情事件的防范工作，如此一来，企业建立舆情监测制度势在必行。

互联网时代的舆情，具有形成速度快、传播速度快的特点，几个小时就能够从星星之火到燎原大火，而且网络上的传播是无序的，处理起来的难度要比传统媒体时代难得多。具体来说，今天的舆情具备三大特征。一是直接性。通过微博、微信、头条、知乎等平台，每一个网民都可以随手发布信息。二是突发性。今天的网络舆论形成速度快，且没有明确的规律可循，即便是一件非常小的事情，也可能迅速成为点燃网民情绪的导火线。三是偏差性。尽管个别网络平台实行了实名制，但在网络上发言的绝大多数还都是以匿名发言的方式居多，发言者身份被隐蔽，这就使得网络成为一部分人宣泄情绪的空间，虚假言论、偏激言论、情绪化意见等都可能形成难以收拾的烂摊子。

正是鉴于互联网时代的舆情复杂程度，企业必须要建立自己的舆情监测制度，只有这样，才能把可能出现的信誉风险降到最低，在负面、虚假言论冒头之时就将其扼杀在摇篮之中，避免因此而对信誉造成更大的损伤。

那么,建立舆情监测制度,具体来说,要怎么做才有效呢?

1. 加强对网络舆情的监控

互联网的海量信息,仅仅依靠人工的力量去监测是很难实现预期目的的,为此,企业可以充分运用互联网技术掌握自己的网络舆情动态。目前,市面上有不少专门服务企业的舆情监测系统平台,它们可以通过对敏感信息、负面信息的大数据抓取,对新闻媒体、门户网站、短视频、各类社交平台等进行实时舆情监控,并提供分析和处理方案等。企业可以根据自己的实际需要,自行开发网络舆情监控系统或从市面上购买相关服务。

2. 做好网络舆情引导工作

当出现网络舆情时,一定要遵循"宜疏不宜堵"的处理原则,尽可能就势引导,使舆论导向朝着对企业有利的方面发展。要想做好网络舆情引导工作,首先,必须建立全方位、多层次的信息公开渠道,也就是让企业能够顺畅地发声,可以及时快速地公开真实信息,说明情况;其次,具备专业素质的舆情引导人员也是必不可少的,因为有经验、有专业技能的人员可以妥善处理网络舆情,而欠缺技能和经验的人则很可能火上浇油,让事情变得更糟糕。所以,企业一定要配置精通网络舆情方面的人员。

3. 建立网络舆情应对机制

凡事预则立,不预则废。网络舆情的直接性、突发性,往往使得企业没有足够的时间去商讨应对之策,因此,要想能够妥善应对舆情事件,就一定要提前建立网络舆情应对机制。比如,成立专门的网络舆情工作组、制订网络舆情应对方案、定期在企业内部开展网络舆情应对演习等。只有准备得越充分,处理网络舆情事件时才能越游刃有余。

风险防控第3招　制定企业信誉风险防控预案

企业制定信誉风险防控预案，具体来说，可以从以下几方面着手。

1. 成立信誉风险防控小组

企业要专门成立信誉风险防控小组，明确领导班子成员以及各成员的职责。小组要负责企业信誉风险防控方面的日常工作，做好对舆情的监测分析、舆情处理、事后反馈总结等。信誉风险防控小组的成员可以与企业的外宣部、品牌部、对外公关、高管等重合，即可以是一人兼任两职，如此一来，信誉风险防控工作的开展会更顺畅。

信誉风险防控小组的工作目的是预防和降低负面舆情对企业信誉的伤害，因此，除了处理与信誉舆情相关的事情外，还要加强对内部全员的信誉意识培养，提升全员对网络舆情的认识，打造一个上到企业高层领导下到每一个普通员工都有高度舆情意识，一举一动、一言一行都考虑企业信誉的队伍。

2. 明确信誉风险防控要求

影响企业信誉的负面舆情信息常常发生在非工作时间，所以，企业信誉风险防控小组要设立 7×24 全天候工作制，保证网络舆情监测工作岗位随时都有人值守，尤其是在重大节日或者特殊时期，为了保证万无一失，可以适当增加舆情监测人员。舆情监测工作岗位的人员要有保密意识，责任心强，一旦发现异常情况要及时上报、快速进行处理。

为了提高工作效率，企业可以对信誉风险的舆情情况进行分级处理。依据对信誉的影响程度划分为一般舆情、重大舆情，一般舆情可以由信誉风险防控小组内部主导解决，重大舆情则要快速汇报企业高层，集合企业全体之力给出快速处理方案。

3. 明确企业信誉风险应对的方法

遇到影响企业信誉的负面舆情时，信誉风险防控小组要及时跟踪、观察，当掌握了舆情后，则可以运用跟帖、网络评论、社交媒体等方式引导舆论，尽可能维护企业的正面形象，降低负面信息对企业信誉造成的影响，防止事态扩大化。

企业应对信誉风险的具体方法主要有：

一是组织信誉风险防控小组全员甚至是企业的宣传部、品牌部、公关部等相关部门的所有员工，以个人名义发言，进行正面引导。需要注意的是，信誉风险防控小组要明确个人发言的要求、原则，并做好所有个人发言内容的审查工作，以免弄巧成拙。

二是组织正面宣传。信誉风险防控小组要在日常工作中积极宣传企业的正面形象、典型事迹以及先进人物、优秀企业文化等。这样一来，企业的信誉基础牢固，那么，谣言、虚假言论等负面信息就不容易动摇企业的整体信誉。

三是当出现影响企业信誉的负面言论时，信誉风险防控小组不能装聋作哑，一定要给予必要的正面回应和正式答复。需要注意的是，正式答复要建立在事实基础上，并经过企业的主要领导审批后再发布。发布后，还要注意做好舆情跟踪，观察舆论的反响，并及时总结汇报，视情况看是否需要启动新一轮的舆情应对流程。

总的来说，企业信誉风险防控工作要遵循早发现、早报告、早处理的原则。

风险防控第4招　提升企业全员的信誉意识

企业之间的竞争在经历了价格竞争、质量竞争和服务竞争之后，如今已经进入了一个信誉竞争的新阶段。

对企业信誉进行管理，早已经成为现代企业管理中必不可少的组成部分。所谓信誉管理，简单来说，就是对企业信誉的创建和维护，这不仅仅是企业宣传部、品牌部、信誉风险防控部的工作，而是和企业全员都紧密相关的一项工作。以提升企业信誉、维护企业信誉为核心，通过信誉投资、正面宣传等手段，从每一个员工做起，提升全员的信誉意识，才能更好地建立和维持与社会公众之间的信任关系。

提升企业全员的信誉意识，是信誉管理的重要工作之一。那么，具体来说应该怎么做呢？

1. 以产品为契机对全员进行信誉教育

海尔的扬名，最早缘起于张瑞敏当众怒砸76台质量不合格冰箱之举。正是这样一次经历，使海尔人确立了"有缺陷的产品就是废品"和"高标准、精细化、零缺陷"的质量价值观。在这种价值观的引导下，每一个海尔人都会主动维护海尔信誉，工人发现一个螺丝的小问题，没有隐瞒、没有忽视，而是积极主动上报，全员加班对所有冰箱一一进行检查，没有人抱怨，这就是全员都有信誉意识的表现。企业要想提升全员的信誉意识，可以结合产品质量或服务质量来进行，比如，以客户投诉、产品投诉、不合格率等为契机,开展全员信誉教育,这种有针对性的信誉教育要比单纯讲企业信誉重要性的教育有效得多。

2.设立企业信誉的奖惩机制

企业可以通过正面奖励和负面惩罚的制度,来提升全员的信誉意识。在如今这个自媒体时代,每一个员工都是企业信誉的创建者和维护者,也可能会成为企业信誉的损害者。因此,企业应当制定员工在网络上发布与企业信息有关的相关制度,对于违规发布企业信息的员工给予警告或惩罚,防止冒失的员工发布的消息演变成企业信誉的一场危机。此外,对于那些发布与企业正面形象有关的消息且产生巨大影响力的员工,可以给予一定的物质奖励。

在明确的奖惩机制下,每一个员工都将成为企业信誉的主动维护者,这对于维护企业信誉,降低企业信誉风险将会发挥重大作用。

风险防控第5招　企业要做好危机公关预案

公关即公共关系,公共关系学创始人爱德华·伯尼斯认为,公共关系是一项管理功能,通过制定政策及程序来获得公众的谅解和接纳。所谓危机公关,即企业为了避免或减轻公共关系危机带来的损害,有组织、有计划地学习、制定和实施一系列应对策略和措施,从而规避危机、解决危机的动态过程。

信誉危机实际上也属于公共关系危机的范畴,要想有效防控企业的信誉风险,做好危机公关预案是非常重要的。制定正确、有效的策略和措施，能够将大事化小、小事化了，将信誉的负面影响控制在一定范围内，甚至达到消弭于无形之中的状态。

那么，企业危机公关预案怎么做，需要遵循哪些原则呢？

1. 明确危机公关工作的承担者

俗话说法不责众，在企业中，一项没有明确负责人的工作，注定会成为谁都不管的"中空"地带。因此，必须要明确危机公关工作由谁来做，各自都负责其中的哪部分工作，具体都要做什么，向谁汇报，承担什么责任等。只有明确了这些内容，危机公关的工作才能够真正落到实处。

2. 厘清危机工作的内部程序

危机公关实际上是事关整个企业的大事情，在开展危机公关的工作时，会涉及企业内部多个部门、不同领导之间的协调与沟通，涉及不同人的签字、同意、审批等，倘若没有一个流程清晰的程序，那么，一旦信誉危机来临，危机公关的工作就会陷入一片"混乱"之中，从而容易在忙乱之中出错，导致忙上加忙、乱上加乱，不仅影响危机工作的效率，还很有可能南辕北辙，让危机变得更加难以收拾。

3. 危机公关要遵循四大原则

危机公关的开展不能想当然地去进行，而是要遵循下列四大原则：

一是承担责任原则。当信誉危机发生时，公众的情绪往往比较激动，这时最重要的就是快速平复公众的情绪，此时不管企业的责任是大是小，要想免除危机进一步激化、扩大化，积极主动地去承担责任是最佳做法。

二是真诚沟通原则。所谓真诚沟通，需具备三大要素，即充分传播，保证公众的知情权；承担责任，展现企业的主动担当精神；有人情味，取得公众的内心认可。需要特别注意的是，一定要特别重视受众的感受，这往往要比危机事件本身更重要，一味地用冰冷的事实说话，忽视了受众感受，也会被认为不真诚。

三是速度第一原则。互联网时代，信息的传播速度堪称是"光速"，如果不能在危机事件发生后及时快速进行应对处理，那么，很可能会在非常短的时间里席卷全网，成为所有媒体关注的热点，从而引发公众震荡，对企业信誉造成难以挽回的重大损失。因此，处理企业信誉危机，一定要遵循速度第一的原则。

四是权威证实原则。一旦负面舆情已经形成，这时企业自说自话、自证清白，是难以取得媒体和公众信任的，因此，企业应当快速引入政府主管部门或第三方权威机构进行调查，主动配合调查，尽快取得权威证实后的结论，从而取得媒体与公众的信任，有效控制信誉危机。

案例：南京冠生园的信誉破产警示

2001年9月，央视《新闻30分》将南京冠生园使用陈年馅料做月饼的情况曝光后，"南冠"月饼在食品商店和超市等销售场所成批下架。一时间，公众对"黑心月饼"的愤怒声讨弥漫在社会各个角落，这一事件让南京冠生园的信誉一落千丈。

面对突然而来的信誉危机，南京冠生园在应对方面可谓"昏着儿频出"，先是辩解说这是行业内的"普遍"做法，试图以法不责众来推脱责任，接着又抛出卫生管理法规对月饼馅料没有保质期要求，用陈馅做新月饼没有违规……没有真诚的道歉，没有主动承担责任，没有快速整改，只有一次又一次的狡辩，这让广大消费者彻底丧失了对南京冠生园的信任，也让企业信誉丧失殆尽。

2002年，南京冠生园以"经营不善，管理混乱，资不抵债"为由向南京市中级人民法院申请破产。70多年的老字号，最终因为"陈馅"事件倒下了。

一位经济学专家痛切地指出，南京冠生园的破产与其说是经营破产，不如说是信誉破产。

表面上来看，似乎是媒体曝光南京冠生园的"陈馅"导致了破产，但实际上媒体曝光只是导火线，而并非导致其破产的原因。对于一个企业来说，信誉缺失，走向破产是迟早的事，也是必然结局。以牺牲信誉为代价攫取利益就好像是杀鸡取卵，从长期来看，注定会难以为继。

企业的信誉是一种特殊的无形资产，既可以升值也可以贬值。鸿星尔克、蜜雪冰城等品牌在河南洪灾中的捐款就是企业信誉升值的典型例子。南京冠生园的破产则是信誉贬值的案例，尽管当时江苏省和南京市卫生防疫部门、技术监督部门组成调查组进驻该厂调查，该厂也进行了全面整顿，其产品经官方认证检测"合格"，但失去了信誉就等于是失去了消费者，其产品再也卖不动了。

企业信誉一旦受损，尽管可以采用多种方式去努力弥补，但永远难以回到原来的状态。这充分警示我们：一定要重视企业的信誉，一定要维护好企业的信誉，一定要做好企业信誉风险的防控工作。

【小贴士】

互联网时代，一切都在向信息化发展，特别是在大数据面前，每个企业的信誉都是透明的。天眼查、企查查等小工具，可以查到企业的法人、股权架构、法人关联公司等情况，此外还可以非常便捷地查询法人的自身风险、周边风险、历史风险、预警风险，查询与企业相关的法律诉讼风险情况等。

如今，不管是企业与企业之间开展合作，还是企业业务员开拓新的企业类客户，借助天眼查、企查查等工具，了解对方的信誉情况，已经成为非常普遍的常规做法。这也就意味着，企业在互联网时代，要面临更高的信誉风险。

在20世纪，要想了解一家企业的信誉是比较困难的，不仅要花费大量的时间、人力、金钱等成本，获取到的信息还不一定准确。但在今天，借助互联网大数据统计，可以快速获取任何一家企业的信誉相关信息。这种翻天覆地的变化，使得企业防控信誉风险的难度呈几何倍数增加。

一个不重视信誉风险防控的企业，是难以在信息化、大数据、互联网叠加的网络时代生存的。因为信誉上的瑕疵会直接影响到企业洽谈合作、争取合同等关键业务环节，从而导致企业的日常经营陷入困境。

信誉是企业的生命，在大数据覆盖面越来越广泛、信用管理制度越来越规范的今天，这并不是停留在口头上的话，而是已经成为事实。做好信誉风险防控工作，是保障企业正常经营的重要前提。

第二章
财务风险防控：一根稻草压倒一匹骆驼

风险防控第6招　正确编制企业财务预算表

一个没有财务预算的企业，就像不知道钱包里有多少钱的人，很容易会在无意识中"大手大脚"支出，从而导致负债甚至是破产。一个合理的财务预算，可以把企业的开支控制在安全线内，从而大大提升企业资金的利用率，促进企业良性健康发展，不致因资金链断裂而遭受毁灭性打击。

总的来说，企业预算可以分为五大预算管理模式，分别是目标利润预算管理模式、现金流量预算管理模式、营销费用预算管理模式、成本控制预算管理模式和资本支出预算管理模式。

1. 目标利润预算管理模式

目标利润预算管理模式，适合业务多元化、系列化发展的企业，尤其是大型集团。对于大型集团来说，预算管理的首要问题是如何针对不同子公司、分公司进行经营控制、业绩考评。而这种预算管理模式，以设定目标资本利润率为起点，可以有效加强对子公司、分公司的控制与考核。

2. 现金流量预算管理模式

现金流量预算管理模式的核心是现金流入流出，能通过对现金流量的规划和控制来达到对企业内部各项生产经营活动的控制。快速消费品或者酒类产品大多采用现金流量预算管理模式。这种模式的最典型特征是有大量应收账款回收，会产生大量净现金流量，而潜在投资项目未确定。业务迅速发展、企业组织处于扩张阶段的企业比较适合采用这一模式。

3. 营销费用预算管理模式

营销费用预算管理模式的核心是通过营销来开发市场潜力，提高市场占有率，现金流入大小不确定，需大量市场营销费用投入。这种预算管理模式的原则是"以销定产"，即以营销或销售为基础来编制生产、成本、费用等各职能预算，关注的主要内容包括以市场为依托，基于提高市场占有率的目标要求和销售预测来编制销售预算。

4. 成本控制预算管理模式

市场增长变慢，具有较高且稳定销售份额的企业比较适合采用成本控制预算管理模式。由于市场稳定，利润的多少关键取决于成本的高低，因此成本控制预算管理模式能够帮助企业实现更高的利润目标。一般来说，发展到比较成熟阶段的企业会更倾向于选择成本控制预算管理模式。

5. 资本支出预算管理模式

资本支出预算管理模式，预算以资本投入为中心，企业从资本投入预算开始介入管理全过程。一般来说，企业的初创期、重大项目投放、大型区域性基础建设投入等都比较适用于资本支出预算管理模式。

编制企业财务预算只是走出万里长征第一步，有了清晰的预算之后，还要做好财务预算的执行、控制、调整与考评。也就是说，只有做到事前算计，事中控制，事后奖惩，这才是企业财务预算管理的完整过程。

风险防控第7招　建立企业短期财务预警系统

财务风险是最容易导致企业破产的风险之一，俗话说"一分钱难倒英雄汉"，不少有实力、有规模的企业，往往就是因为资金周转困难最终导致了破产。因此，企业一定要重视财务风险的防控。

建立企业短期财务预警系统，可以有效降低企业短期内的财务风险。那么，具体来说，应该怎么做呢？

企业的短期财务预警系统可以利用现金流量表为核心来搭建，依据对企业的现金流量的趋势分析、现金流量的结构分析、支付能力分析、偿债能力分析，最终给出短期财务风险报告，并根据报告有针对性地寻求风险化解之法。

1. 现金流量的趋势分析

即对企业当前的现金流量表与之前不同时期的现金流量表进行对比分析。不同企业可以根据自身的实际情况确定对比分析的时间跨度范围（比如全年、半年、一个季度等），重点是要看企业现金流量的变化趋势，可以通过绘制简单折线图的方式来观察趋势变化。需要注意的是，不仅要了解现金流量的趋势变化，还要深入分析其背后的原因，以便寻求解决办法。

2. 现金流量的结构分析

绝大多数企业的现金流量来源都是多元化的，比如，销售收入、投资收益、分公司上缴利润等，这就涉及了企业的现金流量结构。要重点分析企业的现金流量来源，以及不同来源所占的比例，这有助于判断企业的经营是否正常。一般来说，经营性现金流量所占的比例是最大的，反之，则说明企业经营活动不正常。

3. 支付能力分析

即要把企业现金流与未来一段时期的应付账款、支出情况等结合起来分析，并评估企业的支付能力。需要注意的是，在分析企业支付能力时，要有动态思维，因为企业现金流是时刻处于变化之中的，在分析时要考虑到企业现金流和支出的流动性、不确定性等因素。

4. 偿债能力分析

简单来说，就是梳理企业的所有债务并与现金流进行综合分析，通过分析结果可以对企业的偿债能力有深刻的认识，有助于评估、判断出较为合理的偿债时机等。

在形成短期财务风险报告时，我们要善于运用财务比率分析的办法。运用财务比率指标可以客观、精准地反映企业短期的财务现金流情况。一般来说，常用的财务比率分析指标主要有：获取现金能力分析、流动比分析、收益质量分析、财务弹性分析。

获取现金能力分析的常用公式为：销售现金比率＝经营活动现金净流量÷销售额；每股营业现金净流量＝经营活动现金净流量÷普通股股数；全部资产现金回收率＝经营活动现金净流量÷资产总额。销售现金比率、每股营业现金净流量、全部资产现金回收率的数值越高说明企业获取现金的能力越强。

流动比分析的常用公式为：现金到期的债务比＝经营活动现金净流量÷本期到期的债务；现金流动负债比＝经营活动现金净流量÷流动负债；

现金债务总额比＝经营活动现金净流量÷债务总额。

收益质量分析的常用公式为：营运指数＝经营活动现金净流量÷经营所得现金；经营所得现金＝净利润－非经营收益＋非付现费用。

财务弹性分析的常用公式为：现金满足投资比率＝近5年平均经营活动现金净流量／近5年平均资本支出、存货、增加、现金股利之和；现金股利保障倍数＝每股经营活动现金净流量÷每股现金股利。

风险防控第8招　建立企业长期财务预警系统

企业长期财务预警系统，可以帮助企业有效降低长期的财务风险。一般来说，企业长期财务预警系统以企业的发展能力为核心，简单来说，就是企业的成长性、发展潜能越好，那么，长期财务风险就越低。

一般来说，企业发展能力的分析指标有：营业收入增长率、营业利润增长率、资本积累率、资本保值增值率、总资产增长率、技术投入比率、营业收入三年平均增长率和资本三年平均增长率。

（1）营业收入增长率。营业收入增长率，可以反映企业销售、营业收入的增减变动情况，是指企业本年度营业收入增长额与上年营业收入总额的比率，其计算公式为：营业收入增长率＝当年营业收入增长额／上年营业收入总额×100%。其中，当年营业收入增长额＝当年营业收入总额－上年营业收入总额。营业收入增长率越高，说明企业的营业收入增长速度越快，企业的发展能力越强，长期财务风险越低。

（2）营业利润增长率，可以反映企业营业利润的增减变动情况，是指企业本年度营业利润增长额与上年营业利润总额的比率。其计算公式为：本年营业利润增长额＝本年营业利润总额－上年营业利润总额。一般来说，企业营业利润增长率越高，说明企业的盈利能力越强，未来的财务风险越低。

（3）资本积累率，可以反映企业当年资本的积累能力，是指企业本年度所有者权益增长额与年初所有者权益的比率，其计算公式为：资本积累率＝企业本年所有者权益增长额／年初所有者权益。一般来说，资本积累率越高，说明企业积累的资本越多，应对风险的能力更强，发生财务风险的可能性越小。

（4）资本保值增值率，可以反映企业当年资本在企业自身努力下实际增减变动的情况，是指企业扣除客观因素后的本年末所有者权益总额与年初所有者权益总额的比率，其计算公式为：资本保值增值率＝本年末所有者权益总额／年初所有者权益总额。一般来说，资本保值增值率越高，说明企业的所有者权益增长越快，偿还债权人债务的能力越强，长期财务风险越低。

（5）总资产增长率，可以反映企业本期资产规模的增长情况，是指企业本年度总资产增长额同年初资产总额的比率，其计算公式为：总资产增长率＝本年总资产增长额／年初资产总额。其中，本年总资产增长额＝年末资产总额－年初资产总额。一般来说，总资产增长率越高，说明企业资产经营规模扩展的速度越快，这时尤其需要重点关注企业的长期财务风险，以免因盲目扩展或过快扩张导致出现财务风险。

（6）技术投入比率，可以反映企业在科技进步方面的投入，是指企业本年度科技支出（包括用于研究开发、技术改造、科技创新等方面的支出）与本年营业收入的比率，其计算公式为：技术投入比率＝本年科技支出/本年营业收入。一般来说，企业的技术投入比率越高，说明越要注意未来企业的财务风险情况。

（7）营业收入三年平均增长率，可以反映企业的持续发展态势和市场扩张能力，能够客观呈现企业营业收入连续三年的增长情况。一般来说，企业的营业收入三年平均增长率越高，说明企业的销售、营业增长势头越好，企业财务风险越低。

（8）资本三年平均增长率，可以在一定程度上反映企业的持续发展水平和发展趋势，能够客观呈现企业资本连续三年的积累情况。一般来说，企业的资本三年平均增长率越高，说明企业对抗风险的能力越强，财务风险越低。

在分析企业发展能力时，最好使用多个不同的指标对企业发展能力进行多方位分析，并对分析结果进行对比、分析，以提高判断的准确度，只有这样，才能对企业的长期财务风险做到心中有数。

风险防控第9招　有效降低负债的潜在风险

绝大多数企业都有债务，不同企业的债务构成不同，可能是供应商的货款，也可能是银行的贷款、债权人的借款等。对于企业来说，定期了解自身的偿债能力并有效降低负债的潜在风险是非常重要的，因为这直接关系着企业的现金流是否足以保障企业正常运转，关系着企业经营能否正常开展。

企业偿债能力是一种综合性能力，包括企业有无偿还债务能力和支付现金的能力，企业用其资产偿还短期债务与长期债务的能力。通常可以从静态和动态两方面来认识企业的偿债能力，从静态的角度看，企业偿债能力就是用企业资产清偿企业债务的能力；从动态的角度看，企业偿债能力就是用企业资产和经营过程创造的收益偿还债务的能力。

企业偿债能力是企业偿还到期债务的承受能力或保证程度，可以反映企业的经营能力和财务状况，是评估企业能否生存和健康发展的重要指标。

一般来说，企业偿债能力分析的常用指标有：现金比率、周转率、速动比率、流动比率、利息支付倍数和清算价值比率。

现金比率 =（货币资金 + 交易性金融资产）÷ 流动负债合计。得出的比率越高，说明企业的短期偿债能力越强。

资本周转率 =（货币资金 + 短期投资 + 应收票据）÷ 长期负债合计。资本周转率的数值越高，说明企业长期偿债能力越强。

速动比率 =（流动资产合计 – 存货净额）÷ 流动负债合计。一般情况下，速动比率越高，说明企业短期偿债能力越强。

流动比率 = 流动资产合计 ÷ 流动负债合计。一般来说，流动比率越高，说明企业的短期偿债能力越强。

利息支付倍数 =（利润总额 + 财务费用）÷ 财务费用。一般来说，利息支付倍数越大，说明企业的负债经营风险越小，偿付借款利息的能力越强。

清算价值比率 =（资产总计 – 无形及递延资产合计）÷ 负债合计。一般来说，清算价值比率越大，说明企业的综合偿债能力越强。

资产负债表反映了企业在特定时点的财务状况，是企业的经营管理活动结果的集中体现。通过分析企业的资产负债表，能够揭示出企业偿还短期债务的能力，企业经营稳健与否或经营风险的大小，以及企业经营管理总体水平的高低等。

企业可以根据资产负债表的情况，有针对性地降低负债风险。资产负债表中出现的大额红字项目和初期末期数据大幅变化的条目，如流动资产、流动负债、应收账款和所有者权益中的具体条目等都需要重点关注。这些数据的变化过大，往往就是一种预警。

比如，应收账款这一项，如果企业应收账款占企业总资产的比例过高，就说明该企业存在严重的资金占用情况；如果这个占比增长过快，则说明该企业在报表反映的固定时间内结算工作质量下降了。这可能是因为近期市场竞争增加或大的经济环境低迷，总之，应引起管理者的重视。此外，还应注意对表格附注内容的解读，在资产负债表的附注中有一项应收账款账龄，它代表了资金回收的可能性，账龄越长其回收的可能性就越小。

又如，企业流动负债，如果某企业在年初及年末的负债比较高，说明企业每股的利息负担较重。在这种情况下，企业能否持续盈利，就要看这个企业的管理者是否有较强的经营分析意识或者管理魄力了。

风险防控第10招　科学投资，严控投资失败风险

在市场经济条件下，企业是否能够进行有效投资，即将资金投入高收益、低风险的项目上去，对企业的生存和发展至关重要。在实际投资经济活动中，一直都存在不小的风险，一着不慎就可能血本无归。因此，企业

投资的决策就显得至关重要。那么，企业在投资中应该怎样做决策呢？

1. 选择投资企业

在选择要投资的企业时，不仅要调查清楚该企业的财务状况、流动资金、股份构成、债务情况、经营情况、盈利能力、企业人员工资水平等基本情况，还要注意该企业的企业文化和经营理念。此外，所投资企业最好有严格的财务公开制度，以确保所投资金能够被合理地使用在所投项目上。

2. 选择投资项目

一是注意做好对所投项目的前期分析。具体的要从法律、市场前景、财务和整合资源能力等多个角度分析实施项目的可行性，并且注意分辨投资产品所在行业所处的发展阶段，是属于朝阳行业、成熟行业还是夕阳行业。

二是注意投资项目的安全问题。包括产品使用安全、生产环境安全、员工操作安全以及劳动保护的安全等多方面。生产和产品的安全问题与企业的生存和发展息息相关。

三是注意投资项目是否环保。随着我国经济水平的提高和大众环保意识的增强，国家对企业环保问题整体要求也在不断提高。现在实行环评一票制，如果投资项目存在带污染性的三废外排问题，投资设计时就必须提前考虑要采取什么样的措施去达标排放，否则，实现预计的项目收益就会因为处理未来的废水、废气等环保问题的额外开支而减少。

四是注意与企业现有产业相衔接。很多企业在自身所从事产业领域已经有了比较深入的了解和较为成熟的运作，而这些就是企业的优势。只要提高现有资源的利用率，就能有效节约支出、控制成本。因此，企业在进行新的投资时应当首选能和企业现有产业链相衔接的项目，这类项目的成功可能性相对较大。

五是注意与所在地区产业相连接。在行业布局中，原料集散市场和产品的集中展示集散市场至关重要。这些区域里所有的生产资源、技术资源、市场资源、劳动力资源相对集中并配套，形成了费用较低的经济圈。如果企业投资的时候能考虑到地区优势，也会大大提高成功的概率。

六是注意与现有营销体系相连接。在项目投资中，产品销售是非常重要的一环。一个投资项目能否成功，就要看项目产品是否可以按预期实现销售并获利。不同性质的产品需要建立不同的营销体系，而建立符合产品特征的营销体系需要花费巨大。因此，在投资项目时应注意与现有营销体系相连接，最好选择营销体系与现有产品相一致或相仿的项目产品。

3. 注意控制项目投资总额

项目投资总额的多少对项目技术含量的高低和投产后产品的总成本水平的高低有着决定性影响。因此，企业必须根据自身财力，严格控制投资总额，尽量注意防止突破原有预算，避免投那些资金没有着落的项目。

确定了投资企业、投资项目、投资总额后，接下来就要签订投资合同。签订合同是一件非常严谨的事情，要注意明确投资形式、限制公司现有资产、确立责任体制和利润分配办法。俗话说"投资有风险，务必要谨慎"，企业投资更是如此。要想把投资的风险控制在一定范围，就必须要建立科学的风险管控策略。

企业可以通过建立投资风险的管控组织来评估投资项目的潜在风险，根据评估结果设立相应的项目风险应急预案，以便在遭遇风险时将损失有效控制在企业可承受范围内。企业还可以通过对投资项目参保等方式，将可能承受的投资风险转嫁给相关保险公司，有效分散经营风险。

风险防控第11招　健全内控程序，防止内部腐败

企业财务内控方面最重要、最关键的是，避免虚假财务数据、防止内部腐败。一旦企业内部出现了虚假财务数据，那就说明企业的内部财务管理上肯定有问题。那么，如何才能避免企业内部财务管理出现问题呢？

一是业绩评价指标要切合实际。有些企业在制定内部业绩评价、短期财务目标时，不考虑自身实际情况，使其基本上无法实现，于是迫于"交差"的压力，一些员工就会产生较强的弄虚作假动机。因此，在制定财务预算、利润目标、业绩评价指标时，一定要使其既能实现，又富有挑战性，在人员的加薪晋升方面，也不宜仅以完成利润指标业绩作为唯一标准。

二是强化内部审计责任。尤其是发展到一定规模的企业，必须要有专门的内部审计人员。内部审计不仅仅会对账簿进行审计，还会通过事实调查、亲临现场或不事先通知的临时性访问等手段，以确保财务报表信息的准确性，阻止欺诈行为的发生。除了企业自己的审计人员和团队进行审计外，也可以通过聘请第三方专业的审计人员和团队来完成对企业内部的审计工作。

企业要想做好财务的内控工作，可以从以下方面着手。

1. 健全财务管理核心体系

企业要想提高工作效率和经济效益，就必须让生产管理、质量管理等

各项管理工作服务于企业的经营。必须要建立起以财务管理为核心，各项管理制度之间互相补充和协调的财务管理体系，并不断对财务内控的流程进行优化，以确保企业财务管理工作的顺利开展。

2. 加强企业财务管理

一是推动成本效益管理。根据成本效益管理的有关理论，制定成本效益的具体管理措施。必须明确划分企业内部工作的职权范围，通过岗位责任制将责任落实到每一个人。加强完善企业内部的应收账款和成本分析，建立内部银行结算办法，确保资金能够被合理使用。此外，还要积极地对呆滞的资金进行处理，用活流动资金。财政和销售部门的工作人员可以根据欠款人的不同选用不同的政策，以达到资金收支渠道畅通。

二是加强资金管理。为了保证资产的保值和增值，企业必须建立资产营运系统，用于进行资本营运、资产控制及收益分配。完善的资产营运系统可以加强企业资产管理，减少随意报废资产和无序投入资产的乱象发生。

三是加强负债融资管理。有些企业会适当利用负债经营的方式，提高奇特的市场竞争力，以促进企业发展。然而，负债经营方式一旦使用不当，就会让企业陷入濒临破产的危险境地之中。因此，在进行负债融资的时候，企业必须加强相关的财务管理工作。

总的来说，企业要想做好财务的内控工作，必须着眼全局，从财务报表、财务分析、内部审计，到现金管理、预算管理、成本管理、利润管理、融资管理、投资管理等方面，都要充分树立风险意识，不断健全财务信息网络和风险预防机制，以及时预测和防范财务风险。

风险防控第12招　保持企业资本结构安全合理

无数企业创始人、高管、合伙人都在股权架构上吃过亏，甚至被自己一手创办的企业踢出局。企业资本结构是否安全合理，对于企业的长远发展至关重要。

只有在安全合理的资本结构下，企业股东之间才能各负其责，互不干涉，同时彼此之间相互信任，背靠背，做到通力合作。

企业股权架构表象的背后，实际上暗藏着很多能够充分调动起来的发展资源，比如，团队、技术、资本、渠道等。也就是说，企业在梳理资本结构、股权架构时，要充分考虑如何找到企业发展所需的资源，并通过股权把这些资源合理拼接利用起来，从而使企业和各利益相关者实现合作共赢的良好局面。

那么，如何才能设计出一个可以团结各方力量的资本结构、股权架构呢？具体来说，主要有以下三大步骤：

第一步，分出创始人与投资人的份额。如果说公司股权是一个大蛋糕的话，那么，创始人和投资人无疑拥有优先分享蛋糕的权利，且能够分到更多的蛋糕份额。因此，在设计企业的股权架构时，最先要做的事是，确定企业创始人和投资人所持有的股份比例以及与股权相关的表决权（投票权）、分红权等。

第二步，分出合伙人和员工的份额。合伙人持股的现象并不新鲜，但员工持股在现代企业中还算不上大多数。不过，可以预见的是，员工持股将会变得越来越普遍。在确定了创始人与投资人的持股比例后，就要考虑把剩下的股权蛋糕分给合伙人和员工，然后，再根据个人对企业的贡献大小细分每个人应得的股份。在互联网时代，技术和知识是第一生产力，谁掌握了技术和知识，谁就能够占据市场。因此，企业老板要有意识地增加技术和知识在企业股权结构中的比例，来大力拉动企业的技术水平和知识含量。

第三步，查漏补缺，对股权分配方案进行完善。股权架构的确定是一件非常慎重的事情，在初步确定好股权分配方案后，还要多方面查漏补缺，或征求专业人士意见等，检查股权架构是否有不合理之处，哪里还可以进行再完善、再调整。

总的来说，也并不是所有企业的股权架构都要进行梳理和设计，还要看企业规模的大小、业务营收情况、是独资还是多方出资等具体情况。倘若是老板一个人独立出资的小微企业，可能暂时还不需要设计股权架构。当企业发展到一定程度，股权架构的问题则必须提前解决好，否则就会给企业发展带来负面影响，甚至会导致企业直接"散伙"倒闭。

风险防控第13招　减少呆账坏账，降低财务压力

呆账坏账多，企业的现金流就会变得紧张，财务压力也会更大。减少呆账坏账，从专业财务管理角度来说，就是加强对应收账款的管理。应收账款属于企业营业利润的一部分，直接关系着企业的现金流。企业要想减少呆账坏账、避免企业遭遇现金流危机，就必须要重视对应收账款的管理。

1. 降低赊销风险

在市场竞争越来越激烈的今天，赊销已经成为很多企业增加销售额、扩大市场影响力的重要手段。事实上，赊销固然可以促进企业的销售，但其中所蕴含的风险必须要重视并加以控制。因为赊销会导致企业把产品转化为现金的时间变长，使得资金周转的周期减缓，经营成本加大，且还要面临不能按时收回账款的风险。

降低赊销风险是一件非常重要的工作，企业可以通过制定保护措施，把风险降低到可控范围。

在决定赊销前，企业要做好客户信用的调查工作，深入、细致地了解其偿债能力、经营信誉、是否有充足的抵押品或担保等，并将这些信息形成档案，建立客户信誉分级管理。

控制赊销额度也是降低赊销风险的好方法，企业可以根据客户的信用情况确定其赊销额度，并制定相应的赊销临界点。以确保不超额赊销，把赊销风险降低在可控范围。

2. 加强应收账款管理

对企业的应收账款加强管理，是有效防范呆账坏账风险、增加企业现金利润的有效手段。一般来说，加强企业应收账款管理可以从以下几方面着手。

（1）提高认识，树立严控不良应收账款的决心。不良应收账款是绝大多数企业都会面临的一个难题，如今因资产变现困难形成的不能按期偿还的应收账款并不少，甚至不少企业因此而破产。对此，企业要坚定减少呆账坏账的决心，定期盘查不良应收账款情况，及时采取有力的催收措施，努力把不良应收账款控制到最低。

（2）完善企业对应收账款的管理制度，尤其是要建立控制不良应收账款的制度并保障制度能够有效实施。一是建立信用评价制度，明确什么样的客户可以达到赊销标准。二是建立完善的合同管理制度，对客户的赊销周期、付款方式、付款时间、违约责任等做出明确规定并体现到合同中。三是建立应收账款的责任制度，也就是明确谁负责应收账款的跟踪和催收工作。四是建立合理的奖罚制度，对回款指标完成优秀的员工进行奖励，对回款指标完成较差的员工进行惩处，以奖罚制度来督促员工积极地催收款项。五是建立应收账款分析制度，定期汇总到期未回款的项目中，并分析原因，及时讨论对策，采取措施，进行控制，以把企业可能遭遇的损失降到最低。

（3）实施应收账款从产生到回款的全过程控制，有效防止企业呆账坏账的产生。呆账坏账的产生往往并不是突然出现的，常常在账款到期前，就出现了蛛丝马迹。实施应收账款全过程控制，就是要时刻关注应收账款的情况，当明确知道客户即将有一笔资金进账时，就要盯紧客户，及时提醒、催促对方支付款项。

（4）组织专门力量，对已形成的不良应收账款进行清理。已经形成的不良应收账款，一般都会回款困难，对此企业一定不能采取放任态度，而是应当及时组织专门力量，定期对其进行清理，同时加大催收力度，采取相应的催收办法，比如，以物抵债、分批付款等，尽最大努力减少企业损失，适当时候可以采取诉讼和资产保全等方式来维护企业的合法权益。

风险防控第14招　降低库存，提高资金周转率

从企业财务的角度来看，库存被视为一种资产，但从企业经营的角度

来说，会占用大量资金，同时还会产生仓储费用。此外，库存还会造成大量人力的浪费，因为库存越多，定期盘库就会花费越多的人力资源。

增加库存周转率可以在一定程度上降低库存给企业带来的资金压力，但最根本的做法还是要降低库存。

要想解决好企业的库存问题，我们要先了解库存的构成。以库存用途为标准，可以把库存分为3类：

（1）周转库存。主要由存储待发的成品、半成品、原材料组成，造成周转库存较大的原因是库存周转率低下，只要提高库存周转率即可起到立竿见影的效果。

（2）安全库存。其作用是为了应对需求和供应的不确定性。比如，市场价格波动较大的原材料，为了降低企业成本，在价格低迷时大量采购存储就属于安全库存。避免安全库存过大，企业可以通过大数据统计分析，与供应商建立更密切的战略联盟等方式来降低需求和供应的不确定性，如此一来，自然可以最大限度地压缩安全库存。

（3）多余库存。这是库存管理最重要，也是压缩库存的重点部分。多余库存的产生根源是企业组织行为的不当。比如，双"十一"前，B服装厂预测某款服装可成爆款，遂备货10万件，结果实际只卖出了2万件，剩下的8万件就属于多余库存。要想有效压缩多余库存，企业就要强化管理能力，运用互联网技术快速统筹诉求，借助强大的供应链，尽可能采取订单化生产，如此一来，多余库存自然可以得到有效遏制。

消除多余库存常用的方法有：ABC重点控制法、经济批量法、准时生产制库存管理方法。

（1）ABC重点控制法。即把企业的全部库存按照重要程度或价值高低，划分为A、B、C三类，并分别采用不同的库存管理方式。

对于更重要、价值更高的 A 类库存，要强化库存的管理和控制，为减少存货积压，要精准计算经济订货量和订货点，通过减少订购量、增加订购次数的方法来减少大量资金占用；对于一般重要、价值中等的 B 类库存按照常规方法来管理和控制；对于不重要、价值低的 C 类库存，只需最简便的管理控制即可，即可通过减少订货次数、适当增加每次订货数量。利用这种方法，可以有效降低库存对企业资金的占用，大大降低库存的管理成本。

（2）经济批量法。这是根据单位产品支付费用最小原则确定批量的方法，适用范围比较小，只有在库存耗用量或销售量固定、每次订货成本固定、单件库存储存成本固定、不考虑保险库存的情况下才可以使用这一方法。

（3）准时生产制库存管理方法。这是一种非常先进的库存管理方法，其核心是以需定供、以需定产。也就是说，企业采购的物品可以通过要求供方按照自己所需产品、数量、规格、时间、地点等要求，将物品不多、不少、不早、不晚地送到指定地点，并保证物品的质量。生产的同步化和均衡化是准时生产制库存管理方法的突出特点，"适时、适量、适物"的生产可以做到"零库存"。如今已经有越来越多的企业借助互联网、大数据等朝着"零库存"的目标而努力。

减少库存，避免不必要的库存浪费是增加企业现金利润的重要方法。库存所占用资金的多少、库存周转率的高低，直接关系着企业的现金流和生存。从企业经营的角度来看，降低库存并不是一朝一夕就可以做到的，需要长期摸索和长期关注、管理。

风险防控第15招　开辟多元、低成本融资渠道

企业融资的方式主要有 7 种，分别是吸收直接投资、发行股票、利用留存收益、发行债券、融资租赁、借款抵押、商业信用。其中，前面 3 种方式筹集的是权益资金，后面 4 种方式筹集的则是负债资金。

1. 吸收直接投资

吸收直接投资指的是企业通过协议等形式，吸收国家、法人、个人和外商等主体直接投入的资金。它是非股份制企业筹集权益资本的基本方式。在吸收直接投资时，要合理确定吸收投资的数量，选择最佳投资单位，与投资单位协商好投资数量和出资方式后签署投资协议，最后共同享受投资利润。吸收直接投资虽然可以有效增强企业实力，降低财务风险，但其资金成本较高，且容易分散企业控制权。

2. 发行股票

股票是股份制企业为筹集股权资本而发行，表示股东按其持有的股份额度享有权益和承担义务的可转让的书面凭证。股票融资的风险较小，而且可以优化企业组织结构。通过发行股票进行筹资时，企业既可以选择发行普通股，也可以选择发行优先股。

3. 利用留存收益

留存收益指的是企业从税后净利润中提取的盈余公积金，以及从企业可供分配利润中留存的未分配利润，是企业将当年利润转化为股东对企业

追加投资的过程。

利用留存收益筹资不仅没有筹资费用，而且在让股东得到税收优惠的同时增强了企业信用，但筹资数量会受到某些股东的限制。

4. 发行债券

根据我国相关法律法规规定，只有股份有限公司、国有独资企业以及由两个以上的国有企业或者两个以上的国有投资主体投资设立的有限责任公司才有资格发行债券。

债券筹资的资金成本低，不影响股东的控制权，还有财务杠杆作用，但筹资风险高，限制条件多，而且筹资数量有限。

5. 融资租赁

融资租赁指的是出租人按照承租人的要求融资购买设备，并在合约规定期限内提供给承租人使用，可以分为直接租赁、售后租回和杠杆租赁。

直接租赁是融资租赁的主要租赁形式，承租人直接向出租人租入所需要的资产，并按合同规定向其支付租金。售后租回指承租人按照合同规定将自己所有且需要继续使用的资产卖给出租人，然后，再将其从出租人那里租回使用的租赁形式。杠杆租赁则是一种特殊的融资租赁，是出租人利用部分个人资金和贷款人提供的部分贷款购买资产，然后，将资产出租给承租人使用，并定期收取租金。

融资租赁的筹资速度快，但筹资成本高，还会增加固定债务。

6. 借款抵押

目前，我国各类企业的重要筹资方式就是根据借款合同向银行或非银行金融机构借款。

借款筹资的资金成本低、速度快、借款弹性好，但会增加企业的财务风险，且限制条款多，筹资数额也有限。

7. 商业信用

商业信用指的是企业间在进行商品交易中，由于延期付款或预收账款所形成的借贷信用关系，其具体形式一般包括应付账款、应付票据和预收账款。商业信用融资具有方便及时，融资成本低，限制条件少的特点，但其弊端是期限一般较短，且商业信用成本高。

随着互联网金融的蓬勃发展，企业的筹资、融资渠道也变得越来越多样化，企业可以根据所需资金的多少、实际情况等方面综合考虑选择筹资、融资渠道，以尽可能更低的资金使用成本来降低企业财务风险。

风险防控第16招　合理分配利润，谨防财务紧张

企业利润如何分配，直接关系着企业能否长期稳定发展，和企业所有者的合法权益能否得到保护，以及投资者能否拿到属于自己的收益。一般来说，利润分配的对象是企业的净利润，分配主体是投资者和企业。如果分配不合理、不公平、不合法，那么，不仅可能给企业的财务造成紧张，甚至会给企业带来灭顶之灾。

1. 企业利润分配的基本原则

（1）依法分配原则。只有企业缴纳所得税后的净利润才可用于分配，因为企业有权自主分配净利润。《中华人民共和国公司法》《中华人民共和国外商投资法》等都明确规定了关于企业的利润分配相关事宜，每一个企业都必须严格遵守依法分配的原则。

（2）资本保全原则。即在分配中不能侵蚀资本。换句话说，利润分配

不是对资本金的返还，而是对经营中资本增殖额的分配。当企业出现亏损时，利润要先弥补亏损，剩余的部分才能进行其他分配。资本保全原则是责任有限的现代企业制度的基本原则。

（3）充分保护债权人利益原则。在利润分配之前，企业必须按照合同契约的规定，偿清所有债权人到期的债务，充分保障债权人的利益。此外，在利润分配后，企业还必须保持一定的偿债能力，不能因利润分配导致企业发生财政危机。

（4）多方及长短期利益兼顾原则。企业利润分配涉及多方面的利益，比如，投资者、经营者、职工、创始人等，因此在进行利润分配时必须要兼顾多方利益，同时要考虑到企业的长短期发展，要尽可能地保持稳定的利润分配。

总的来说，企业利润分配的合理与否，最终决定着企业利益机制能否持续发挥作用，要让利润分配的各方"齐心聚力"支持企业经营和发展，就必须要把企业利润分配好，让各方都满意。

2. 企业利润分配的顺序

我国公司法严格规定了企业利润分配的顺序，具体如下。

第一步，计算可供分配的利润。

企业财务人员要先计算出可供分配的利润，具体做法是，通过将本年度净利润（或亏损）与年初未分配利润（或亏损）合并来计算得出结果。结果显示为正数（本年累计盈利），则需要对利润进行分配。

第二步，计提法定盈余公积金。

按照公司法规定，法定盈余公积金按照税后净利润的10%提取。倘若法定盈余公积金已达注册资本的50%，则可不再提取。需要注意的是，提取盈余公积金的基数，既不是可供分配的利润，也不一定是企业本年度的税后利润。提取的法定盈余公积金有固定用途，只可用于转增资本金或弥补以前年度亏损。如果是用于转增资本金，那么，留存的法定盈余公积金不得低于注册资本的25%。只有不存在年初累计亏损时，才能按本年度税后利润计算应提取数。需要注意的是，企业以前年度亏损未弥补完，不得提取法定盈余公积金和法定公益金。在提取法定盈余公积金和法定公益金之前，不得向投资者分配利润。

第三步，计提任意盈余公积金。

任意盈余公积金，即企业从净利润中提取的各种积累资金。比如，专门用于企业职工福利设施支出的公益金就属于盈余公积金。按照公司法规定，法定公益金按税后利润的5%-10%提取。

第四步，向股东（投资者）支付股利（分配利润）。

不管是哪一种经营形式，都必须遵守上述分配顺序。股份有限公司在分配顺序上存在一定的特殊性，需先提取法定盈余公积金和法定公益金，然后，按照支付优先股股利、提取任意盈余公积金、支付普通股股利的顺序进行利润分配。

风险防控第17招　做好投资人撤资的财务预案

除了运营资金不足、管理能力弱、投资失误等因素会给企业带来财务风险之外，投资人突然撤资，也是造成企业财务风险的重要原因之一。

通常来说，投资人撤资往往发生在当企业遭遇困境、市场环境发生大变化时，这时企业本身已经陷入了困境，财务压力较大，现金流也会表现出比较紧张的状态，因此，一旦遭遇投资人撤资，企业的财务情况就变得难上加难。

企业要想规避由投资人突然撤资带来的财务风险，就一定要提前做好相应的财务预案。

1. 储备安全资金

政府为了降低银行的运行风险，采用储备金制度，即每个银行都要将吸收储蓄的资金按照一定比例交由人民银行保管。实际上，企业也可以采用类似的办法，通过在企业财务状况良好时专门储备一笔安全资金，这项资金不参与公司正常财务活动，而是专门用于投资人撤资时的补充。如此一来，即便是投资人突然撤资，也有一笔用来缓冲企业财务风险的资金，为解决财务问题争取更多的时间和空间。

2. 提前进行融资

俗话说"墙倒众人推"，一旦企业出现了投资人撤资的情况，就很容易会出现所有投资人"跟风"，最后企业账上再也无资可撤。要想防范因此而带来的财务风险，一是要有前瞻性意识，尽早看到企业经营方面的风险，尽早预料企业未来的财务困境；二是要在企业还未陷入困境前，提前进行融资。有了大笔融资做保障，不管是企业财务困境，还是投资人集中撤资，都不会动摇企业的财务安全。

3. 控制投资人所占份额

诚然，引入投资人、吸收投资资金，可以帮助企业更好地筹集资金，进行扩大化再生产。但是，凡事有利必有弊，引入的投资人越多、吸纳的投资资金越多，未来在企业遭遇困境时，所要面对的撤资风险也就越大。因此，企业在引入投资人和吸纳资金时，要未雨绸缪，要有计划地控制投资人所占份额，将其控制在安全线以内。如此一来，即便是未来遭遇投资人撤资，企业财务可能会陷入困境，但不至于因此而破产或倒闭，经过多方筹措后能够慢慢熬过困难时期，恢复财务的正常运转。

风险防控第18招　密切关注政策与行业动态

除了企业内部的原因之外，资金链断裂还有一个最大的外因，即企业会受国家宏观政策，受经济环境、市场环境的变化影响。要想有效地规避因此而带来的财务风险，就一定要密切关注国家财税方面的政策以及所在行业的动态。

1. 社保由税务部门统一征收

2018年8月20日，国家税务总局、财政部、人社部、国家卫健委、国家医保局5部门在京联合召开专题会议，决定于2018年12月10日前完成社会保险费和第一批非税收入征管职责划转交接工作。自2019年1月1日起由税务部门统一征收各项社会保险费和先行划转的非税收入。

国家税务总局成立社会保险费司，该司负责基本养老保险费、失业保险费、工伤保险费、基本医疗保险费和生育保险费等社会保险费以及有关非税收入的征管职责划转、落实以及后续的征收管理各项工作。

这意味着国家对社保的征管力度加大了，企业必须要依法给员工缴纳社保，否则将会受到联合惩戒。

2. 个人所得税

2020年，顺利完成了个税改革后首次综合所得年度汇算。税务部门充分利用移动互联网、在线支付等新技术提供多种方便、快捷的纳税服务渠道，尤其是在个人所得税 App 上向纳税人提供预缴税信息、在线退补税等服务，大大减轻了纳税遵从成本。

对于企业来说，个税改革大大减少了普通企业职工个人所得税的缴税金额，变相增加了企业职工的收入。企业应积极督促员工如实填写专项附加扣除项目，及时按规定进行年度汇算等，协助员工一起做好个税的依法缴纳工作等。

3. 营业税改增值税

"营改增"之后，由于不再计提营业税，企业的利润总额会增加。很显然，企业利润总额的增加，导致企业所得税也会有所增加。不同企业的营业收入和营业成本不同，因此"营改增"政策对不同企业的影响也不同。总的来说，绝大多数企业都可以有效降低税负。

"营改增"对企业的增值税、所得税都有影响，主要体现在企业的营业税减少增值税增加，企业所得税会有上升，城建税和教育费附加都会发生变化，增减不定。对于企业来说，只有所有的因素综合作用才能确定企业最终的税负增减情况。

只有密切关注这些与企业密切相关的政策和行业动态，才能有的放矢地降低企业财务风险。比如，面对社保改革，企业可以通过调整员工结构、用工制度等，合法合规地减少企业员工缴纳社会保障金的人数。此外，还可以借助高工资员工的收入结构调整，进一步节省员工的社保缴纳成本。

风险防控第19招　依法纳税，做好税务风险监测

企业的税务风险来源主要有两大类：一是企业的实际经营行为适用的税法不够准确，从而导致没能享受到国家的相关税收优惠政策，多缴纳了税金，承担了不必要的税收成本；二是企业的纳税行为不符合税法和相关法规等的相关规定，出现应缴纳的税款未缴纳或是少缴纳，从而出现被税务机关要求补税、罚款、收滞纳金，甚至会面临刑事处罚以及企业声誉损害等。

坚持守法经营、依法纳税，企业就不会产生税务风险，这种认识是非常片面的。诚然，企业具备依法纳税的意识是一件好事，但主观上不偷税漏税，并不等于企业没有税务风险。因为企业税务风险具有主观性、必然性、预先性三大特征。所以，这就决定了任何一家企业都有税务风险。

具体来说，对企业税务风险的管理和防范，可以从以下方面入手。

1. 搭建完善的企业税务管理制度

制度管理远远要比人为管理更高效、有力得多。因此，企业老板一定要重视企业税务管理制度的搭建和完善。企业可以借助计算机和互联网搭建层层审核、流程化管理的税务体系，可以充分借助财税软件、报税系统等工具，制定出规范的、相互制约和相互监督的管理制度。

2. 巧用第三方财税机构

市场上有很多为企业提供专门财税服务的第三方公司或专家团队，企

业老板完全可以通过聘请第三方财税机构或团队,来对企业内部的财税工作进行审查、分析。一是可以发现企业内部财税工作中的问题、漏洞;二是能够对企业内部的财税工作人员形成一种违规必被发现的"威慑",使其不敢轻易违规操作;三是可以从更专业的角度给企业的财税工作提出更好的调整或改进建议。

3. 不断提升财税人员的业务能力

没有过硬的业务能力,往往会出现犯错而不自知的情况,这必然难以保障企业的税务安全。企业老板要重视财税工作人员的业务能力,要求其加强对财务、税务专业知识的学习,紧跟国家的新要求、新规定,第一时间了解研究税收优惠的相关政策,只有这样,才能通过财税筹划提高企业财税管理水平,降低企业成本,增强企业竞争力。

4. 建立并完善企业内部监管

可以采取定期和不定期检查的方式,来强化企业对财税相关工作的监管。比如,固定时间点(如月底、年底等)的内部审计,老板要定期查看财税盘点结果,对重要指标要进行实际调查和核对。不定期检查,即老板可以采用无规律突击的形式,在财税工作人员没有任何准备的情况下对其工作进行检查,此举可以避免财税人员蒙蔽,使老板了解到最真实、最直接的财税管理信息。

5. 构建税务风险预测系统

首先,明确纳税人权利。在实际的税务管理过程中,企业接受到的信息大多只强调履行依法纳税的义务,对于身为纳税人所享有的权利,绝大多数老板都较为忽略。企业不仅要明确纳税义务,还要明确自己身为纳税人的权利,这是企业构建税务风险预测系统的一个基础性依据。

其次，正确评价税务风险。只有对税务风险进行定期、准确的评估，才能把企业的税务风险控制在安全范围内。税务风险的正确评估，直接关系着税务风险预测系统的准确性，企业在评估预测税务风险时，不仅要积极识别企业未来的税务风险，还要对其进行客观、正确、理性的评价，综合利用多种分析手段和工具，系统、全面、精准预测企业内外环境的各种资料及财务数据，对于企业税务风险的管理和防范是非常重要的。

最后，适时监控税务风险。在正确评价企业的税务风险基础上，企业还要加强对税务风险的适时监控，再精准地对税务风险进行评价。如果没有适时监控，那一切都等于零。在纳税义务发生前，尤其要重点对企业的经营全过程进行监控，并进行系统性的合理筹划，结合对企业纳税模式的分析调整，测定其不同方案的税收负担，从而结合企业实际情况，制订出相应可行的纳税计划。

案例：巨人教育，企业再大也怕资金链断裂

巨人教育成立于1994年，是教育培训行业的老牌知名企业，涉及业务不仅包括语文、英语、数学，还包括文体艺术、游学、冬夏令营等领域。

"计划未来五年在全国设立500家线上线下结合的校区，服务50万在读学生，创造50亿元收入。"这是巨人教育在2018年擘画出的美好发展前景。

2020年9月至11月，仅仅3个月，巨人教育总营收6.84亿元，其中线上营收3000万元，绝大多数收入都来自线下业务。在巨人教育发展的巅峰时期，其教学点遍布北京，还在武汉、南昌、郑州、石家庄、西安、九江、黄石、吉安、贵阳、南宁、汕头、海口、赣州、包头等地先后成立分校。然而时

隔一年，2021年9月，巨人教育却因为资金链断裂而宣布破产。

诚然，巨人教育的倒下与国家"双减"政策有密切关系，但身处现金流最为充裕的行业，却没有做好财务风险防控，无力支付员工工资、无法给家长们及时退费，一个经营接近30年的教育老品牌就此狼狈落幕，再无东山再起的机会，令人唏嘘。

资金链断裂，不分行业，也不论企业大小。巨人教育的事例深刻警示我们：一定要重视企业财务风险防控，尤其是在企业蒸蒸日上、不断扩大发展的阶段，不能盲目乐观，更不能置企业财务风险于不顾。

【小贴士】

财务风险是最容易导致企业破产的风险之一。俗话说"一分钱难倒英雄汉"，不少有实力、有规模的企业，往往就是因为资金周转困难最终导致了破产。企业一定要重视财务风险的防控。

近年来，随着我国市场经济的繁荣发展，企业规模扩大、国家管理制度健全、融资渠道方式多元化，都对企业财务管理工作提出了更高的要求。但在实际经营活动中，不少中小规模的企业，存在财务管理不规范、不专业的问题，相当一部分企业管理者对财务预算、资金成本、融资风险、财务风险缺乏深入的认识和了解，这就使得企业的实际财务风险居高不下。搭建一套财务风险防控体系，已经成为当代企业不可忽视的重要工作之一。

企业务必要做好财务的内控工作，从财务报表、财务分析、内部审计，到现金管理、预算管理、成本管理、利润管理、融资管理、投资管理等，都要充分树立风险意识，不断健全财务信息网络和风险预防机制，以及时预测和防范财务风险。

第三章
组织风险防控：堡垒从内部开始崩溃

风险防控第20招　明确每个组织成员的职权

组织成员职权不明，常常会出现有些事没人管、没人做、没人负责；有些事又有多个人管，出问题后又互相推诿，难以找到直接责任人。要想让组织保持高效运转，明确每一个组织成员的职权是非常重要的。

所谓明确组织成员的职权，简单来说就是，每一个组织成员都要清楚自己的工作职责是什么，需要承担哪些工作和责任，哪些可以直接做主，哪些需要请示领导等。这对于提升组织成员的主人翁意识、工作效率和充分发挥工作职能有不可替代的重要作用。

那么，企业怎样才能做到让每一个成员的职权都明确呢？

（1）编制岗位职责说明书。企业可以根据组织内部的每一个岗位，结合实际工作内容和情况，编制出详细的岗位职责说明书。岗位职责说明书不仅可以用于人员招聘，新员工入职时的学习培训，还可以成为组织规章制度的一部分，是组织成员履职、奖惩的制度依据。需要注意的是，有些企业在编制岗位职责说明书时，常常直接从网上找同类岗位的职责复制，实际上这种做法是存在风险隐患的。因为即便是同样的岗位，在不同的企业其职责也会有细节方面的差别，所以，在编制岗位职责说明书时，一定要切合岗位的实际情况，不能只做"面子工程"。

（2）使用PBC（个人事业承诺）来实现组织成员工作执行的承诺控制。把各关键岗位进行细化，其标准是，梳理出承接的工作目标、举措、衡量标准等。在细化的过程中，要遵循公开、公正、公平、透明的原则，可以有效地降低组织内耗，提升工作效率。

各关键岗位按模板制定PBC。需要注意的是，企业在具体操作时，切忌生硬死板，不同的岗位，由于工作内容、工作性质有很大不同，因此在制定PBC时，要充分灵活地进行因岗制宜，只有这样，才是最恰当、最合适的PBC，如图3-1所示。

PBC建立在职位基础上的个人绩效承诺。
- 赢的承诺W（Winning）
- 执行承诺E（Execute）
- 团队承诺T（Teamwork）

	承诺目标 ✗	承诺目标 ✓
结果目标承诺	做好A单板的优化工作	完成A单板的优化工作，单板综合直通率达到95%
执行措施承诺	完成A单板2.0的原理图修改	5月15日前完成A单板2.0的原理图修改，并同步更新详细设计文档
团队合作承诺	注意与相关部门的沟通，提高周边部门满意度	加强与BOM中心和TQC的交流，保证清单和器件造型的正确性

图3-1　PBC个人绩效承诺制定的要求（示例）

管理者要审视PBC以及工作量评估，完善工作量不饱和的PBC。对于工作量不饱和的岗位或人员，部门主管要充分发挥管理作用，可以采用两个或多个不饱和岗位合并、人员转岗、人员分流等多种方法来完成目标。此外，通过增加部门目标以弥补不饱和工作量的岗位，也是可行的。

管理者制定个人PBC后，要统一形成如表3-1所示的个人PBC承诺表，然后统一发放，统一签署并保存。为了让承诺控制更有效，企业可以在PBC签署时举办集体"誓师大会"，全员"军令状"宣读仪式等，还可以将个人PBC制作成精美的日历、桌面摆件等，方便员工每天都可以看到。这些做法，都可以很好地强化承诺控制的效果。

表3-1　个人PBC承诺表

结果目标承诺（Win）				
编号	工作目标	权重	衡量标准	得分
执行措施承诺（Execute）				
编号	关键举措、里程碑、衡量标准			得分
团队合作承诺（Team）				
	目标	权重	衡量标准	得分

风险防控第21招　搭建合理有序的业务流程

　　混乱的业务流程，往往会把简单的事情变得复杂化，从而大大降低组织的整体工作效率。要想降低由此带来的组织风险，就要搭建合理有序的业务流程。

　　一般来说，每个企业都有自己的业务流程，对于既有的业务流程，我们可以通过BPM（Business Process Management），即业务流程管理来找到可改进之处。

　　重新设计企业的业务流程，可以显著提高企业的绩效。这一观点最早是在20世纪90年代由Michael Hammer和James Champy在《公司再造》

一书中提出的。这一思想一经问世，很快就在全美范围企业领域掀起了改进业务流程的管理浪潮。

一般来说，比较典型的业务流程包括以下六大要素。 是流程目的。比如，自来水公司的业务流程目的就是为广大民众随时提供安全的饮用水。二是输入资源。自来水公司要想输出安全的水，就必须有水处理、消毒、输水管道等资源上的投入，投入即输入业务流程的资源。三是按一定秩序执行活动。任何一家企业都要在法律规则下运行，都要按照市场规律调整业务流程的节奏。四是这些活动之间形成结构。一个农民把自己种植收获的农产品摆在路边卖给经过的路人，严格意义上算不上业务流程。一个工厂有原料采购、有加工车间、有多样化的销售渠道、有多元的运输方案，多样化的活动存在相互关系、产生相互作用，就可以形成典型的业务流程。五是输出结果。业务流程一定是会产生结果的，无疾而终的流程是没有商业意义和商业价值的。六是该流程创造价值。

通过对企业业务流程的梳理，可以找出那些需要改进的关键项目，如图3-2所示。

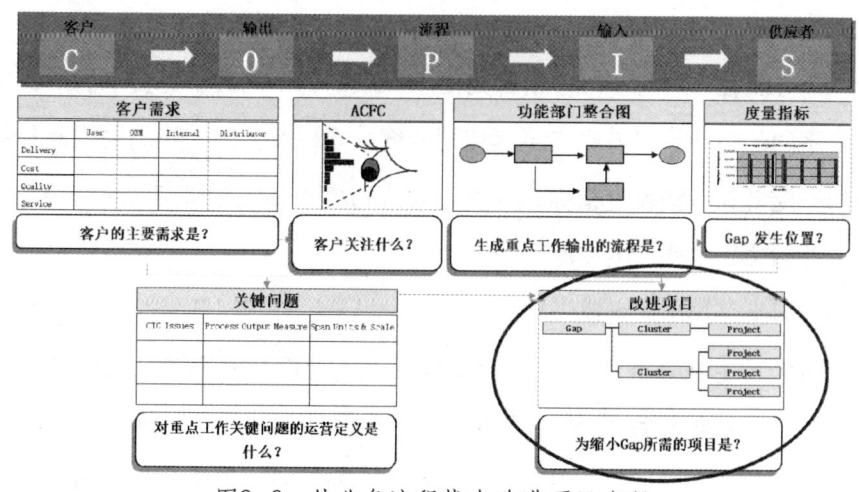

图3-2 从业务流程找出改进项目流程

第一步，了解客户需求。

能否满足或者超预期满足客户需求，是衡量一个企业的业务流程是否高效的关键指标。了解客户的需求，明确客户的主要需求是什么，是寻找业务流程中急需改进项目的源头活水。

第二步，输出客户分析。

收集整理了客户需求信息后，要分析客户关注的是什么，并结合关键问题，从企业运营的角度筛选出重点工作。客户关注度影响越大的工作越重要，越可能有改进的商业价值。倘若只是客户不痛不痒不关注的地方，即便是花大力气改进了业务流程，也难以给客户带来实质上的产品或服务提升，如此一来，就事倍功半了。

第三步，画出功能部门整合图。

结合企业的实际情况，把企业的各功能部门都罗列出来，写清各部门的职责范围，然后，结合业务流程的情况，把部门与部门之间的关系厘清注明。如此一来，一张功能部门整合图就形成了。借助本图，我们可以清晰地看到生成重点工作输出的流程是什么。

第四步，明确实施者与度量指标。

业务流程中的每一件事情都是由人完成的，不同的事务有不同的实施者，不同的实施者又各自有不尽相同的度量指标。首先，我们要明确各流程的实施者和考核度量指标；其次，要找到战略目标与现实之间的鸿沟所在，并明确其主要发生在哪个环节。

第五步，找出关键改进项目。

鸿沟发生在业务流程中的什么地方，这个地方就需要做出调整和改进。结合具体的差距情况，思考为缩小差距需要做什么，需要先列出多种可能有效的行动，再对其进行可操作性、合理性、有效性等多方面的论证，最终就可以解答如何改进的问题。

对于自身不具备改进业务流程能力的企业，可以通过聘请顾问、与专业管理公司合作购买服务等多种方式来实现调整业务流程、提高管理效率、提升战略执行力的目的。

风险防控第22招　职位晋升程序公开、透明

组织的活力来源于员工的活力，来源于用人制度的活力。一个有发展潜力的人才，可以为组织带来更多效益。要想让组织成员保持活力，就一定要有公开、透明的职位晋升程序和绩效激励体系。

"不患寡而患不均"，升职加薪的暗箱操作、搞亲疏远近走后门等行为会严重破坏组织内部的公平性，让组织成员丧失工作的热情和主观能动性。"千里之堤，毁于蚁穴"，一个组织也是从内部开始走向崩塌的，制定公平、公开、合理、透明的人才发展体系和绩效激励体系，是防患于未然，强化组织凝聚力、战斗力、执行力的明智做法。

1. 构建人才发展体系

构建人才发展体系，就是要关注组织中的每一个员工，为他们提供发展空间。企业管理者可以运用能力模型来深度认识每一个员工，并根据每个人的情况为其提供合适的发展空间。

此外，任职通道的设计也是至关重要的一环。有相当一部分员工的离职，其真实理由就是"没发展"。如果没有升职或者职业成长的空间，一旦时间久了，员工要么会因此而流失，要么会陷入职业倦怠，严重影响

工作积极性和工作效率，无论是哪个结果，都是企业管理者所不愿意看到的。为每一个岗位设置任职通道，能够最大限度激发员工的积极性，同时也为员工树立了一个目标，有助于他们不断进取。

那么，什么是任职通道呢？例如，助理编辑—编辑—主任编辑（副编审）—高级编辑（编审），这就是一个任职通道；文员—行政专员—行政经理—行政副总，这也是一个任职通道。需要注意的是，并不是所有任职通道都是单向的。企业还可以给员工提供多样化的任职通道选择，员工可以根据个人的发展意向，选择是朝着技术、技能型方向发展，还是朝着管理方向发展。此外，有能力的企业还可以给员工提供去分公司、开拓海外市场等多种发展机会。

2. 构建绩效激励体系

企业要想调动员工的工作热情，光"画饼"谈"奉献"是没用的，必须要有真金白银作为激励，这样才能真正发挥作用。

企业之所以要构建绩效激励体系，是因为它是激发员工工作热情的最有效工具。一般来说，绩效激励体系主要包括薪酬绩效、股权激励、回报体系三大部分。不同的企业绩效激励体系也不同，比如，有奖励房子、车子的，有回馈员工父母、家人的，有提供带薪进修机会的，也有提供创业孵化资金的……

以联想为例，其物质激励分为长期激励和中短期激励两种，其中最长期的激励就是股权激励。他们把属于联想总股权中的35%分给了11个创业元老，把剩下的20%分给了从1984年开始创业时入职的180多名一般员工，其余的45%留给后来加入企业的年轻人。

风险防控第23招　搭建高效沟通的渠道平台

通用电气公司原总裁杰克·韦尔奇说过这样一句话："管理就是沟通、沟通、再沟通。"所有的组织，不管其规模如何、性质如何，都要靠沟通来结合，也要靠沟通来执行它的功能。"沟通"是领导人发挥影响力的渠道，是上级激励员工和部下的手段，是促使一个组织完成其目标的群体活动工具。

一个内部沟通不畅的组织，必然伴随着低效、内耗、执行力不强等特征。对于企业来说，搭建多种多样的高效沟通平台，提供更多的高效沟通方式或机会，是降低组织内部风险的必要做法。企业可以从以下7个方面来提升组织内部的沟通效率。

1. 部门内沟通

一般部门内的最主要沟通渠道是工作会议，它是上级向下级传达工作任务、下级向上级反映工作中问题的重要沟通渠道。不同的部门召开工作会议的频次不同，既可以是一天开一次，也可以是一周开一次，参会的人员范围也存在差别。需要注意的是，工作会议要避免陷入"形式主义"中，尽可能缩短开会周期、开会时间，保证会议言之有物。比较高效的做法是，在会议召开之前，下级把需要汇报的问题准备好，上级则把要传达的工作或指示准备好，开会时可采用站着的开会方式。

2. 跨部门沟通

企业是一个由多个部门组成的整体组织，在实际情况中，一般部门内部的沟通都相对畅通，跨部门的沟通往往低效。尤其是大企业，由于部门多且各部门之间平时联系较少，跨部门的协同任务推进起来就会阻碍重重。搭建跨部门联络沟通的渠道是非常重要的。提升跨部门沟通效率的做法：一是可以通过组织团建等，让不同部门的人员相互熟悉起来；二是一定要建立健全跨部门沟通的相关章程，比如，确定跨部门沟通的人选，减少多人沟通、信息不对称等导致的沟通不畅等问题。制定沟通的基本流程，比如，先发起跨部门沟通申请、确定沟通方式和时间、对沟通结果进行记录等。

3. 与全员沟通

"让员工把不满说出来。"这是杰克·韦尔奇曾说过的一句话。这句话实际上也是一种沟通。通过这种沟通，可以实现企业内部管理信息的"对流"。当发现员工对企业现状有不满的时候，正是进行沟通的黄金时机，要善于从员工的不满中完善组织沟通机制。一方面，通过倾听员工发自内心的呼声、意见和建议，便于企业决策层、管理层撤销不合理的管理办法，制定出更加科学合理的制度，提高管理水平；另一方面，听到来自企业决策层、管理层的回应之后，员工的顾虑、猜疑和不解就会烟消云散，工作起来心情舒畅，把更多的精力投入创新生产技术、提高工作效率上，增强企业竞争实力。

风险防控第24招　管理权限的边界与下放

随着企业的业务越做越大，人员也越来越多，这时创始人、管理者都难以做到事必躬亲，因此，管理权限下放就成为一种必然。

将原专属于高层的一些决策权力下放到中层，可以满足中层的心理需要，增强他们的参与感和自我提升感。对企业而言，既没有增加任何成本，又将决策重心下移，有利于企业实现民主管理，赢得员工发自内心的认可。

但关于权力的收放，存在不少潜在的风险。如果企业不能有效防控因管理权限交接而带来的风险，那么，很可能会导致组织因此而陷入混乱，甚至是直接倾覆。

那么，企业在管理权限的处理上，具体应该怎样做呢？

1.管理权与监控管理同步

在企业管理权的处置上，千万不能考验人性，即便是非常信任的下属，在下放管理权时，也要坚持管理权与监控管理同步。坚持把权力关在制度的笼子里，一切权力行为都放在光天化日之下，接受全员的监督。如此一来，由权力带来的负面现象就能够得到非常有效的控制，避免由此给企业带来损失和负面影响。

2.提前设置好不可触碰的红线

要想避免拥有管理权的管理者做出越权的事情，可以提前设置好不可触碰的红线，如此一来，拥有权力的人心中能够有根弦作为约束，做事也就会有方向、有所顾忌。杰克·韦尔奇有一句名言："管得少就是管得好。"设置好相应的红线和规则之后，尽量不要去干涉其行使管理权，这才是比较高效、比较明智的管理办法。

3.让权力空间变得更有弹性

"一管就死，一放就乱。"这是不少企业内部都存在的情况。放权容易滋生管理混乱、组织混乱，集权又会让组织缺乏创新活力、市场灵活应对能力。究竟怎样在放权和集权之中找到最佳方案，是很多企业都十分关注的问题。实际上，这一问题完全可以通过扩大权力弹性来解决。所谓权力弹性，简单来说，就是重大事项，通过集体协商会议的方式来做决策，取代某个人的决策。在企业内部设置各类协商会、研讨会、集体会机制，用于决策企业的重大事项。这样既可以有效避免管理者独断专行，可以对管理权形成制约，又同时保留了其机动性，能够有效降低因管理权过于集中而导致的组织风险。

风险防控第25招　　做好组织内部矛盾的调和

俗话说："有人的地方就是江湖。"任何一个组织都是由多个个体组成的，融洽、友好、合作、互助的内部关系，可以实现"1+1>2"的效果。倘若组织内部充满了矛盾、摩擦和内耗，那么，不仅难以形成合力对抗企业外部的竞争，反而会从内部开始崩塌。

要想降低企业组织内部的风险，就一定要做好组织内部矛盾的调和。对于管理者来说，必须时时刻刻提高警觉，注意观察每一个组织成员平时在言行举止上的反常现象，据此来洞悉其中所潜伏的危机，因为这极有可能是一种发泄信号。

比如，做事心不在焉，频频出错；经常性地迟到早退；工作表现乏善可陈；不与同伴打交道；刻意回避企业内所举办的各项活动；毫无预警地抱怨等。这些反常的现象在一定程度上显露出员工的不满情绪，而如果引起这些不满情绪的根源或者说实质性问题得不到有效的排除和解决，就很有可能会演变成尖锐的矛盾，甚至冲突，从而影响组织内部的团结。

作为管理者，必须及时处理这些问题和不满，坐视不理只会让风险越来越高，从而导致更加严重的后果。

发现组织成员有反常表现，先要去了解其背后的原因。一般来说，常见的原因主要有：

1. 薪酬与付出不对等

有付出就应当有所回报，这是每位管理者对待下属的酬劳问题时应当遵循的原则。倘若付出的劳动获得的酬劳，尚不能维持起码的生活水平，则难免令人泄气。

2. 管理者的态度不当

人人都有自尊，不管他是谁，做什么工作，都要尊重他。如果领导的态度过于嚣张傲慢，表现得高高在上，肯定会招来员工的不满或批评。

3. 没有"工休"时间

如果企业要求员工不停地工作，甚至是连午餐、上厕所的时间都严格控制，那么，员工在疲乏之余便会抱怨顿生。

4. 加大工作量

有时候因为管理者的失策或疏忽，导致人员流失，却未能及时雇人将空缺填补等情况，从而造成其他员工在正常的工作时间里分担了额外的工作，会令员工感到吃力。

5. 没有公平对待员工

"不患寡而患不均"，没有公平对待员工，往往会让员工牢骚满腹，令集体工作更加难以开展。

6. 未获重视

如企业所有的决策过程都没有员工参与的份；所提出的建议或点子，

根本没有被采纳的机会等。这都会使员工感受到不受重视，令员工在一定程度上感到被轻视，从而导致产生不满或抱怨。

7. 应酬太多

一般而言，除去员工正常的上班时间，管理者不能占用员工的私人时间。在工余时间，开展一些占用午餐、晚餐时间或例会一类的活动会影响员工的私人生活。

8. 缺乏必需品

像办公用品，虽然是一些小事，却最容易引起下属产生不满情绪。如行政部门的诸多限制，使员工不得不像乞讨一般才能取得所用的物品，最令员工不满。

9. 拖欠工资

这里有两方面的意思：一是拖，二是欠。对于辛勤工作的员工来说，拖欠工资是难以忍受的事。

10. 同事不合作

不是每个员工都具有互助精神，然而有些人却专门喜欢将别人踩在脚下往高处爬。如果管理者未能分辨是非善恶，又未及时、正确地加以引导，那么，吃亏的员工一定会对管理者产生怨气。

11. 加班没有额外补偿

加班没有加班费，自然会使员工产生抱怨，并且这种原因引起的抱怨很难得到平息。

……

找到了产生问题的根源，"对症下药"就可以快速解决矛盾，使组织内部始终保持公平、友好、和谐、互助、团结的工作氛围。

风险防控第26招　科学、合理分配组织任务

科学、合理分配组织任务，对于提升整个组织的执行力是非常重要的。任务分配得不清楚、不合理、不公平、不切实际，都会增加企业组织内耗。要想防控因此而带来的风险，我们可以以战略为基础，即做好组织的三年规划，然后以此为基础，细化到员工的年度规划。

1.制订组织三年规划

第一步，以组织战略为基础，筛选出未来三年，组织必须要实现什么目标，比如，"打造行业一流的生产制造水平""建立多渠道合作方式，加强市场推广，塑造优良品牌形象"等。需要注意的是，组织要实现的目标数量不宜过多，要充分考虑组织的实际情况。

第二步，以组织要实现的目标为基础，拆分为具体的工作项目规划。比如"打造行业一流的生产制造水平"这一目标，就可以拆分为"引入自动化与检测设备""建立产品条码系统"等具体的工作项目。

第三步，把工作项目规划的优先级别、主责单位、辅责单位确定下来，让参与者对工作项目有全面、客观、深入的认识。组织可以通过项目说明会、项目计划书、项目碰头会等多种方式，来完成这些工作。

第四步，给每一个具体的工作项目，规划出具体的时间线。即明确第一年要完成哪些，第二年完成什么，第三年达到什么。每年的任务目标，又可拆解到每个季度、每个月，甚至细化到每周，如表3-2所示。

表3-2 组织三年规划模板

序号	实现目标	工作项目规划	项目说明	优先级别	主责单位	辅责单位	2022年				2023年				2024年			
							一季度	二季度	三季度	四季度	一季度	二季度	三季度	四季度	一季度	二季度	三季度	四季度
1	打造行业一流的生产制造水平	引入自动化与检测设备																
2		建立产品条码系统																
3		……																
4	建立多渠道合作方式,加强市场推广,塑造优良品牌形象	主办论坛、活动、研讨会																
5		建立行业一流的实验室																
6		……																
7	推出与现有产品有差异化的技术领先的产品,占领市场	传感器技术研发																
8		建立模房																
9		……																
10	增加企业大客户数量	建立大客户服务标准与团队																
11		完善公司产品认证																
12		……																
13	打造专业的团队	构建公司专业的课程体系																
14		建立人才梯队机制																

2. 制作员工年度计划卡

将组织制订的年度目标计划，拆解到组织中的每一个组织成员，就可以形成员工年度计划卡。员工年度计划卡，除了明确员工在每个月度或季度的工作任务和计划外，还可以将目前工作内容、工作优缺点检讨、自我发展重点、工作中的困惑、对部门或企业的建议、企业对员工的培训规划等都融入其中，如图 3–3 所示。

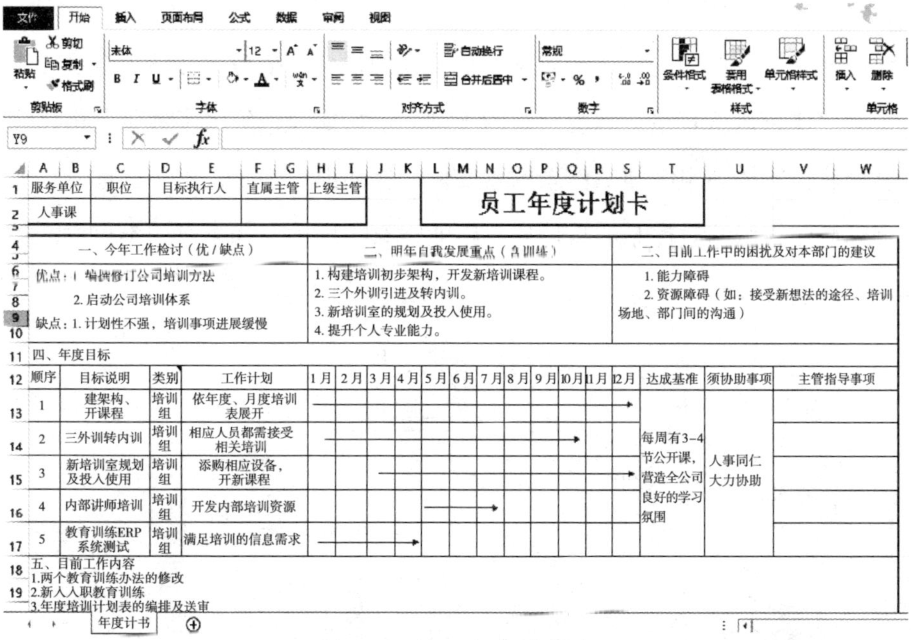

员工年度计划卡

服务单位	职位	目标执行人	直属主管	上级主管
人事课				

一、今年工作检讨（优/缺点）	二、明年自我发展重点（含训练）	三、目前工作中的困扰及对本部门的建议
优点：1. 编撰修订公司培训方法 2. 启动公司培训体系 缺点：1. 计划性不强，培训事项进展缓慢	1. 构建培训初步架构，开发新培训课程。 2. 三个外训引进及转内训。 3. 新培训室的规划及投入使用。 4. 提升个人专业能力。	1. 能力障碍 2. 资源障碍（如：接受新想法的途径、培训场地、部门间的沟通）

四、年度目标

顺序	目标说明	类别	工作计划	1月	2月	3月	4月	5月	6月	7月	8月	9月	10月	11月	12月	达成基准	须协助事项	主管指导事项
1	建架构、开课程	培训组	依年度、月度培训表展开	→	→	→	→	→	→	→	→	→	→	→	→	每周有3–4节公开课，营造全公司良好的学习氛围	人事同仁大力协助	
2	三外训转内训	培训组	相应人员都需接受相关培训	→	→	→	→	→	→	→	→	→	→					
3	新培训室规划及投入使用	培训组	添购相应设备，开新课程			→	→	→	→	→	→	→	→	→	→			
4	内部讲师培训	培训组	开发内部培训资源					→	→	→								
5	教育训练ERP系统测试	培训组	满足培训的信息需求	→	→	→	→											

五、目前工作内容
1.两个教育训练办法的修改
2.新人入职教育训练
3.年度培训计划表的编排及送审

图3–3　员工年度计划卡

从组织三年规划到员工年度计划，层层解析，如此一来，组织的规划就可以很好地下沉到每一个员工，从而为提升组织执行力打通了路径。

需要注意的是，只有计划没有匹配的资源投入是不行的。因此，每一个计划项目的开始时间和结束时间都要确定好，同时财务方面也要做好相应的投入预算。

风险防控第27招　提升组织的活力与效率

要想提升组织的活力与效率,最重要的是合理搭建一套适合自身的组织绩效体系,这直接影响着组织的正常运转。如今,绝大多数企业都已经充分认识到搭建组织绩效体系的重要性,然而遗憾的是,不少管理者对于合理搭建组织绩效体系的事情并不精通,有些因为一知半解,不仅没能搭建起合理的体系,反而让事情变得更糟糕,如图3-4所示。

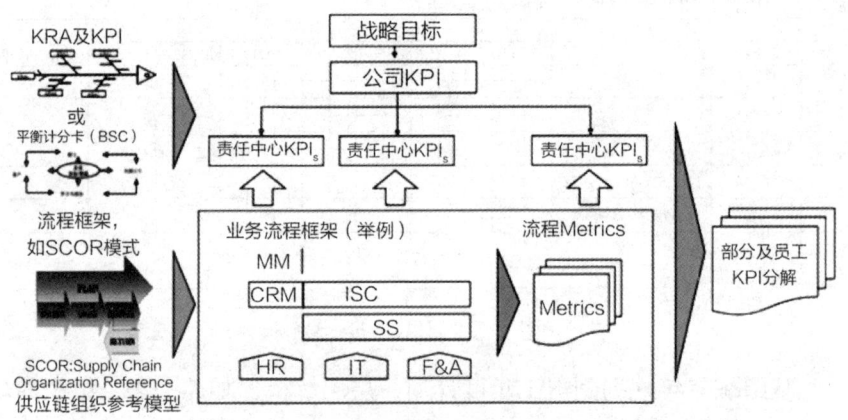

图3-4　建立基于战略和流程的KPI体系

总的来说,合理搭建组织绩效体系,主要应该考虑以下两大因素:

一是企业的战略目标。不同的企业战略目标,需要不同的组织绩效体系作为支撑。企业要根据自己的行业特征、战略目标、市场行情、竞争对手情况、组织内部实际情况等,来确定自己的KPI(企业关键业绩指标)。这是非常重要的一环。企业的KPI不合理也会导致组织绩效体系的不合理。制定企业KPI，要掌握好度，既要具有一定的挑战性，因为只有这样才能保证组织活力，激发组织成员的主观能动性和潜能；又不宜过高，因为完全脱离实际发展规律的KPI，即便是制定出来，也是没有现实意义的，不仅不能激发组织活力，反而会影响士气，挫伤组织成员的工作热情。

企业KPI制定好后，就可以将其分解到不同的责任中心。这里所说的责任中心，是结合业务流程形成的工作中心，其与KPI中的责任中心往往呈现出重叠特征。

二是业务流程。业务流程对组织绩效体系有着决定性的影响，比如，高新技术类企业的"发动机"是研发，在这类企业的业务流程中，研发是非常重要、核心的一环，因此组织绩效体系也是围绕研发这一重点工作来搭建的；而批发类企业，销售才是整个企业的核心，其组织绩效体系就是围绕销售而形成的。只有当业务流程与组织绩效体系相适应时，组织绩效体系才能发挥出应有的作用，否则，不仅不能对组织发展起到促进作用，反而可能会增加组织内耗，削弱企业的核心优势，降低企业的整体执行力和市场竞争力。

企业在搭建组织绩效体系时，要以自身的业务流程为基础。一些企业为了提升管理效率，会定时或不定时地对业务流程进行梳理或调整。此外，企业的重大决策往往也会带来业务流程上的巨大改变，比如并购、重组、裁撤亏损项目、增加新项目、拓展新的业务线等。当企业的业务流程出现重大调整后，这时，组织绩效体系也要及时进行同步修正，否则，就好像大脚穿小鞋，这样是注定走不快也走不稳的，唯有保持业务流程与组织绩效体系始终匹配，才能更好地助力企业战略的执行和长远发展。

企业战略目标和业务流程相互交融、完美适配，最后就能够输出部门与员工个人的KPI，至此，一个合理的组织绩效体系就完成了。

需要注意的是，世界上没有一劳永逸的组织绩效体系，因为企业一直在发展、市场在变化、生产、组织成员在更替……因此，企业必须注意观察组织绩效体系是否产生了新问题，只有保持组织绩效体系的动态化，才能永葆企业超强的效率与执行力。

风险防控第28招　明确组织目标，强化凝聚力

明确组织目标，可以有效提升组织凝聚力和经营效率，降低组织涣散带来的企业运行风险。实行目标管理，就是通过对企业战略目标的层层分解、细分，使得企业内部的各级管理者特别是高层管理者知道自己应该做什么，同时也预先知道了下级要做的事情，而且能够比较容易地制订工作计划和进度安排，及时地与下级进行沟通，对下级给予明确的指导，同时能够向其上级作具体的汇报。最终，有利于整体目标的实现。

柳传志在目标管理中有个五步法，具体内容是：

第一步是确定公司愿景。提出的口号是：联想要成为长期的，有规模的高科技企业。短期行为的事不做，非高科技企业里的事不做。

第二步是确定利于远期发展的战略目标。企业目标的长短各有不同，联想充其量只能制订5年的愿景规划。因为计算机领域的一些核心技术还掌握在别人手里，制订不了更长期的计划。

第三步是制定发展战略的总体路线。这是制定战略过程中比较重要的部分，有很多具体步骤：①制定前的调查分析。首先是外部的调查分析——世界和地区的政治、经济方面的调查分析，其次是本行业的状况和前景的分析。②内部资源能力的审视，包括形成价值链各个环节的分析；

核心业务流程的分析；核心竞争力的分析等。③竞争对手的分析和比较。分析竞争对手的战略、实际情况等。调查分析之后就是制定路线。

第四步是确定当年的战略目标（总部和各子公司），并分解成具体战略步骤操作实施。

第五步是检查调整，达到目标。联想通过对战略目标的规划，详细地划分了企业战略目标的实施计划，并且把中长期的战略目标分解成一个个详细的易于成功的小目标，步步为营，最终达到目标。

WBS（工作分解结构）就是一个可以帮助组织管理者实现工作分解、绩效拆解的管理工具。使用 WBS 这一管理工具，主要分为两步：

第一步，确定部门使命、愿景和定位。不同的企业其组织构成也不同，不同部门所需要承担的任务和职能也有区别，因此，在对总任务和组织绩效进行拆解前，必须要明确各部门、各分公司的定位、愿景和使命，只有这样，才能保证在拆解的过程中，不会出现较大的偏差。

第二步，以组织绩效为目标拆解各层级部门以及岗位主要业务活动。企业在拆解组织绩效和业务活动时，既可以按照职能拆解，也可以按照流程拆解。拆解的标准并不是固定唯一的，企业可以根据自身组织结构特点、业务活动情况等，选择合适的拆解路径。

WBS 与流程图很相似，拆解出来的各组成部分，并非毫无关系，而是由一定的内在逻辑联结的。任务的组成部分，既可以用文字来呈现，也可以用形状来解释。

在使用 WBS 对组织绩效进行层层拆解时，要遵循合理、公平、公正的原则，一旦脱离了这些原则，组织绩效落实到人的效果就会大打折扣，甚至会直接导致员工流失、出现内部矛盾等，反而对企业战略的达成产生负面作用。

一个组织的目标和绩效,如能按时间和空间关系同时展开,形成有机的、立体的目标系统,不仅能使各级管理人员和每个人对目标的整体一目了然,也能明确各部门或个人的目标在整个目标系统中所处的地位,有利于调动组织成员的积极性、主动性和创造性。

风险防控第29招　搭建组织危机预控的管理体系

判断组织危机的最重要指标是组织绩效,如果组织绩效优秀,则说明组织整体运行良好,内部潜在风险较低,倘若组织绩效一塌糊涂,那么,组织内部必然有问题,组织风险也处于高位。搭建组织危机预控的管理体系,必须要以组织绩效为核心。

组织绩效,即组织在特定时间段完成工作的效率、质量、数量以及取得的利润情况等。企业要想获得组织绩效,就一定要有一个具体的考核指标,而这个指标,就是企业对组织绩效进行考核的工具。

不同的企业,其组织绩效指标是千差万别的。但实际上,这些迥异的指标都是按照同样的流程和步骤产生的,如图3-5所示。

核心战略举措指标 + CTQ-Y → BSC均衡牵引 → 组织KPI指标

图3-5　组织绩效指标产生示意

企业战略确定后，一方面，可以以此为基础筛选出核心战略，进而拆解出实现核心战略的举措和指标，这是组织绩效指标生成的一个重要前提；另一方面，组织绩效指标的确定，并不单纯是企业组织内部的事情，还与外部的市场需求息息相关。与此同时，企业要广泛收集客户需求，并对需求进行深度分析，找出品质关键点，也就是CTQ（品质关键点），然后，通过对这一过程的输出，找出客户这一层面的绩效度量指标。

核心战略举措指标与客户需求得到的绩效度量指标，通过平衡积分卡的均衡牵引，最后就形成了组织KPI指标，也就是组织绩效指标。

作为组织有效性评价标准的提出者，斯坦利·E.西肖尔认为，在多样化的组织目标下，企业管理者的决策必须基于对组织绩效从多个角度进行多重变量的评估。换句话说，企业的组织绩效指标最好是多元化的，这样才可以从不同的侧重点考核组织目标的完成程度。

企业可以根据实际用途对组织绩效指标进行区分，这样有利于企业在不同的实际场景选用合适的指标。

1. 目标和手段

在组织绩效指标中，有些指标反映的是组织的目标和是否达成了目标，侧重于结果导向；有些指标则反映的是达到组织目标的手段或条件。通常，一个合理的组织绩效指标体系，反映组织目标的指标应该占据比较大的比重，而反映达到组织目标手段的指标则比重不宜过大。

2. 时间

时间，简单来说就是组织绩效考核的时间跨度，比如，是针对哪一段时间的。对于一个企业来说，长期的组织绩效指标与短期的组织绩效指标，往往会存在很大差异，这就要求企业在确定组织绩效目标时，一定要把时间作为一个关键影响因素考虑进去。

3.硬指标和软指标

硬指标是指能够客观反映组织绩效的有形方面的指标，软指标是指主观反映组织绩效的无形方面的指标。具体到企业当中，数量指标、利润指标、质量指标等都属于硬指标，消费者对企业的认知度、员工满意度等就属于软指标。企业可以根据组织绩效指标的时间情况，分别调整硬指标和软指标在组织绩效指标体系中的占比。

4.价值判断

企业通过组织绩效指标得出的结果是客观的，但如何看待结果和这些指标则是主观的。一个指标的数额达到多少算合格、多少算优秀、多少应该采取危机防控行动，这些并没有统一、固定的标准。企业要综合权衡组织的外部环境、内部情况以及组织绩效指标的变化规律等，确定合适的价值判断标准。

案例：组织长青，IBM 公司组织结构的变革

从1911年IBM诞生至今，它已经走过110多年的历史了，其间它经历了"三起两落"，甚至濒临破产。那么，是什么力量让这家企业保持基业长青呢？

从一个商用机器公司成长为一个全球性的知名公司，IBM经历了多次组织结构变革，正是一次又一次的组织结构变革，激活了IBM的组织活力，使其在激烈的竞争中始终保持着高效率。

1.第一次变革

20世纪80年代，IBM成为微电子行业的老大，和很多大企业一样，当时IBM的组织结构过于集中，产品灵活性不够，尤其不利于产品创新升级。面对日立、三菱等一批强劲的竞争对手，IBM的CEO艾克斯主导了第一次组织结构变革，大胆下放战略目标和经营权，对事业部进行改组。

以变革后的亚太集团为例，这是一个以日本为中心建立的"事业战略体"，拥有战略自主权和经营自主权。从一个听从命令的下属机构成为与竞争对手搏杀的"尖兵"，这就是IBM的组织结构变革带来的改变，既大大提升了面对市场的决策灵活性、产品灵活性，又增强了企业的竞争力。

2. 第二次变革

1991—1993年的连续亏损，迫使IBM不得不进行组织结构变革，郭士纳大胆建立了矩阵式的组织结构，并把公司的战略重点从产品转为客户，优势产业硬件、软件及技术服务等全部放到战略后端。

这种组织结构，不仅可以提高效率、降低成本，还大大提升了对市场和客户需求的响应速度，此外，全球主管面对面沟通的机会增多了，有利于全球企业文化建设。

3. 第三次变革

2008年全球金融危机，IBM的矩阵式组织结构也出现了问题。在矩阵式组织结构中，一是每位销售只负责某一产品，当客户有多种需求时则难以满足；二是权力下放随之带来了决策执行速度变慢。彭明盛主导了以硬件集团服务为核心的组织结构变革，对销售和产品进行了资源整合，形成了区域与客户共享的销售资源，有效解决了客户的多种需求问题。

在IBM的几次组织结构变革中不难看出，没有永远正确的组织结构。随着组织战略目标的调整、外部市场环境的变化等，企业需要不断调整组织的轴线，这不单是分权还是集权的问题，而是涉及诸多因素，只有建立与管理目标相匹配的组织结构才能始终保持组织活力。

【小贴士】

　　随着我国市场经济和金融行业的快速发展，企业的融资渠道越来越多样，在充裕的资金环境下，出现了一大批快速发展、快速崛起的企业。腾讯，从创办到上市，只用了6年时间；网易，从成立到上市只用了短短3年时间；新浪和搜狐，更是大大缩短了自成立到上市的时间，只用了2年时间。

　　实际上，这种情况并不是个例。因为互联网、金融业的大力发展，给企业的崛起、发展插上了加速条。但与此同时，也给企业组织带来了更大的风险。

　　企业的发展速度越快，意味着内部的组织变化也会越快，但在实际经营活动中，二者在不断变化中很难始终保持一致的步调。快速发展与内部组织的管理混乱，就像一枚硬币的正反两面，往往是同时出现的。

　　正如杜牧在《阿房宫赋》中所写"灭六国者，六国也，非秦也"。一家企业的覆灭，其原因往往不在于强劲的竞争对手和残酷的竞争环境，而是内部组织出了问题。俗话说"千里之堤，溃于蚁穴"，坚固的堡垒常常是从内部开始崩塌的，只有严格防范来自企业组织的内部风险，才能保证企业组织的战斗力和市场竞争力。

第四章
生产风险防控：必须扎扎实实做好生产

风险防控第30招　严把企业产品质量关

"千里之堤，溃于蚁穴。"许多时候，一个微小的产品质量缺陷就能引发一系列的连锁反应，最后给企业造成重大损失。1%的缺陷带来100%的失败，绝不是危言耸听，而是血淋淋的事实带来的惨痛教训。

产品品质上的瑕疵，会让巨额的投资化为乌有，这种教训太深刻了，代价也太大了。对于企业来说，产品质量无小事，更无小错。所以，千万不能抱有侥幸心理，否则必然会在未来某一天吃大亏。

毫不夸张地说，产品品质直接决定着企业的生死。品质即"为了判断其制品或部品是否达到其使用目的与顾客的约定的评价对象和固有的性质"。

测定产品的品质是否优良是有一套特殊的判定方法的。但是，传统的判定方法与现代企业的判定方法并不相同。

传统的判定方法是：形成所谓品质的概念（项目）并进行评价。一般将其作为评价的基准，也可以将其称为规格。如果满足规格，则评价为"品质优良"；如果是最低限内满足要求，也属于合格，但并不是期望最高等级。

现在和未来的判定方法：一个企业或组织存在的意义就是为了达成客户满意的目标，基于这个目标，品质优良的判定基准变成了客户是否满意，企业或组织应全力进行内部改善以最终达成这个目标，如果客户不满意，则可以直接理解为企业或组织的品质不良。

企业在对产品质量管理的过程中，难免会出现异常情况。这时，我们就要及时收集产生异常的反馈情况，并进行处理，来保障品质的优化。

企业在处理产品质量异常时，通常可以遵循以下七大原则：

一是自己可判定的，直接通知操作工或车间立即处理；

二是应如实地将异常情况进行记录；

三是对纠正或改善措施进行确认，并追踪处理结果；

四是自己不能判定的，则持不良样板交给专业人士确认，再通知相关部门纠正或处理；

五是对异常进行处理后有改善效果的，应及时对该工位的作业指导书等进行相应的修改，使其标准化；

六是对半成品、成品的检验应做好明确的状态标识，并监督相关部门进行隔离存放；

七是解决品质异常问题并找到直接责任人后，需对该工位的作业人员进行教育，并进行考核，也要确认教育的有效性。

风险防控第31招　制定安全生产标准并严格执行

安全事故是导致生产风险的重要因素之一。对于企业来说，要想有效防范生产安全事故的发生，就一定要制定安全生产标准并严格执行。

安全生产标准并不是一个简单的标准，而是包含了13个基本要素的系统性工程。

1. 设立安全生产目标

凡事预则立，不预则废。企业要根据安全生产实际，制定年度、季度、月度安全生产目标，并细化为安全生产指标和考核办法。

2. 明确组织机构和职责

企业要组建安全生产的负责机构、管理人员，参与生产的各部门、各员工实行安全生产责任制，明确安全生产职责。

3. 必要的安全投入

安全生产不能只是停留在口头上，要有必要的投入，比如，购买安全设备、生产防护用具，改善安全生产条件等，并建立安全投入费用台账。

4. 制定安全管理制度

企业要充分了解与自身有关的安全生产法律、法规、标准等，并及时将其转化为自身的安全生产规章制度，对员工进行安全生产培训，要求其认真遵守各项规章制度。

5. 开展安全生产教育

不少安全事故的发生与安全意识不强有很大关系，所以，企业要积极主动地开展安全生产教育活动，切实提高全员的安全意识。

6. 改善生产设备设施

早期购置的生产设备，安全方面往往不如新设备，对此，企业要及时对老旧设备、安全性能较差的设备进行升级，以提高其安全性能，保证其安全运行。

7. 保证生产作业安全

对生产现场的管理直接关系到生产作业的安全与否，尤其是对危险性较高的生产作业，必须要加强管理，设置明显的安全警示标志，严格按照作业规范操作。

8. 开展安全隐患排查

企业可以采用综合检查、专业检查、节假日检查、突击检查、日常检查等方式经常性地开展生产过程中的安全隐患排查，并据此进行及时整改。

9. 监控重大危险源

对于化学原料、高危器械等重大危险源，企业一定要建立健全重大危险源的安全管理制度，对于接触重大危险源的人员进行登记建档，加强安全教育。

10. 建立员工职业健康档案

企业为员工提供的工作环境要符合职业健康管理要求，定期对生产场所进行安全检测，组织员工定期进行职业健康体检，建立全员职业健康档案。

11. 做好应急救援预案

配备安全应急处理装备、组织生产安全事故应急演练、制定生产安全事故应急预案等，都是企业应该积极做好的事情。

12. 安全事故的调查和处理

当生产安全事故不幸发生后，企业要按规定及时向上级报告，迅速成立调查组，配合上级部门或政府部门做好安全事故的调查工作，找出事故原因、明确事故责任，作出处理决定，提出整改措施。

13. 定期评定安全生产情况

企业要定期对安全生产情况进行评定，检查安全生产的规范执行情况、安全指标完成情况等，并根据评估结果，持续改进、优化安全生产规范，不断提高生产的安全线。

风险防控第32招　制定合理的企业生产标准

产品品质是一种核心竞争力,是消费者和客户买单的基础。因此,企业要做到,在任何时候都要保持产品的优良品质,只有这样,消费者才会放心购买。

不同的标准,会带来不同的产品品质。决胜市场,必须从产品质量入手,以高品质产品打开局面。为此,企业要制定更高的目标,建立产品质量不合格"零容忍"制,不允许任何有瑕疵的产品投放入市场。

产品质量标准,就是规定产品质量特性应达到的技术要求。它是产品生产、检验和评定质量的技术依据。

具体来说,产品质量特性一般以定量表示,例如,强度、硬度、化学成分等;对于难以直接定量表示的,如舒适、灵敏、操作方便等,则通过产品和零部件的试验研究,确定若干技术参数,以间接定量反映产品质量特性。

在产品质量标准表上,要列出"产品质量尺寸表",包括"说明""尺寸容差"等数据统计。而"允许不良程度"则是对数据标准的误差程度划分,分成"A级品""B级品""C级品"等。

最后,报表通常要列出"不良原因分析",这是对产品质量标准改进的意见和建议,是从技术角度进行的科学分析。

企业要学会灵活使用生产标准,在提升产品质量上不遗余力。这样做，可以打造产品的核心竞争力。

此外，产品质量还要保证顾客满意。一般而言，下列几个标准是消费者首选的标准：

（1）安全性。安全性是消费者对产品质量最基本的要求。很难想象刹车容易失灵的汽车会得到消费者的青睐。

（2）耐用性。消费者一般都比较实际，更愿意去选择耐用的产品。当然耐用性要有一定的尺度，如制造出来的价格昂贵能穿几年都不坏的皮鞋不一定能赢得多少消费者。

（3）新颖性。喜新厌旧似乎是人类的特点之一，新颖性能使消费者产生美好的视觉方面的效果。

良好的质量是企业的生存之本，是理论上的数据，但更是顾客心中的标尺和对企业产品的认可程度。企业一定要保持产品质量，并不断地提高产品质量，使顾客对之满意。

风险防控第33招　建立公平的生产绩效评估体系

生产绩效评估体系不公平、不透明，会增加企业生产活动的内耗，导致企业生产活动的混乱，从而影响生产效率。要想有效规避由此带来的生产风险，就必须要建立公平公正的生产绩效评估体系。

生产绩效评估体系，由绩效评估制度体系、绩效评估组织体系和绩效评估指标体系组成，包括评估目标、评估对象、评估指标、评估标准、评估报告。

1. 评估目标

绩效评估一定要有评估目标，这是一切绩效评估活动的行动指南，需要明确的是，它必须建立在服务企业生产目标的基础之上。

2. 评估对象

除了对生产员工的绩效进行评估外，生产部门的整体绩效、生产管理者的绩效等，都是绩效评估的对象。明确绩效评估的对象是非常重要的，对员工来说，它涉及升职加薪、奖金发放等；对管理者来说，它涉及职位的升降、聘用、奖惩等；对生产部门进行评估，会涉及部门的存续与否、调整与否等重要问题。

3. 评估指标

绩效评估指标，简单来说，就是对哪些方面进行评估。评估指标的合理与否，直接关系绩效评估结果，因此，企业在制定生产绩效评估指标时，要综合考虑各方面因素，可以通过征求员工建议、意见，试行一段时间后再进行调整等方法，来保证绩效评估指标的客观、公正。

4. 评估标准

企业在确定生产绩效评估标准时，要以绩效评估目的为导向，且充分考虑绩效评估对象的实际情况，只有这样，才能保证绩效评估标准合理、合适、合用。

5. 评估报告

评估报告就是生产绩效评估结果的具体化呈现。绩效评估报告，是绩效评估体系中的结论性文件，是绩效评估体系输出的信息。不管部门还是个人的绩效评估报告，对于企业在生产方面的重大决策、战略执行情况的管理，都非常重要。

风险防控第34招　保持生产过程的严格管理

好品质是在生产中制造出来的,因此,企业如果想让产品和预想的一样好,就必须要做好生产过程管理,它是品质好坏的"把关人"。

那么,什么是生产过程管理呢?

首先,要理解利用QC(品质管理)抽检很多问题是发现不了的。生产产品就要对品质设定目标,实现其目标的关键是制造方面的工作。可以这样说,品质的好坏是由制造工程决定的。那么,制造工程对品质的影响程度当然是越小越好。

构成工程管理的主干是4M管理。4M管理,分为对品质有影响的因素的管理与制品的品质特性的管理(结果的管理)。在制造工程方面,这类管理活动的中心即"工程管理"。

在工程管理当中,QC工程图的利用率很高。在QC工程图中必须记载的内容有:在制造各工程中,保证品质特性要确认些什么;为了尽量不影响品质,哪些因素要确认些什么项目等。

因此,QC工程图中记录的内容,要在制造各工程中表明,对品质有影响的因素,有必要在工程解析中事先明确出来。此外,相关经验的积累在制造过程的管理中也是很重要的。

企业的工程管理能够做到什么程度,是减少损耗,提高生产效率的关键。

保证产品质量，不能放松生产环节的检验工作。只有生产过程中严格执行检验标准，从整个产业链的每一个细小环节入手，才能实实在在地确保高品质。

生产一种产品，现场应建立多少质量检测程序，要根据产品的复杂程度和工序质量稳定情况来决定。产品复杂、工序质量不够稳定的，要多建一些。反之，可少建；但关键的质量特性，不管它是否稳定，始终都要控制不能取消。

检测管理的价值在于维护好质量，具体表现在以下两点：

（1）确保生产原料的质量，避免多余工序积压资金，要建立严格的生产过程检验标准，只有生产工序足够严密，产品才能合格。

（2）为高品质的产品保驾护航。在生产过程中，对各道工序进行检验、交接、处理的时候，都要做到严格把关。这样可以保证来料质量，消除混料和不合格品投料在生产现场的发生。

生产过程管理能力是企业进行生产、经营活动必备的素质。没有这种能力，只知道"挑灯夜战"死干的企业是难有所作为的，甚至会葬送企业的前程；相反，较高超的生产过程管理能力是企业生产高质量产品的有力武器。

风险防控第35招　建立生产质量检查、监督体系

企业生产活动的风险是呈弥散型的，从原材料的购置到产品投放市场，每一环节都存在这样或者那样的风险，因此，要想充分保证产品质

量，就要建立生产质量检查、监督体系。

（1）有针对性地建立、健全与质量管理有直接关系的产品生产制度、检验制度等。管理制度不在多，在于精，在于管用。严格管理是保证产品质量的前提。从原材料的购置、生产过程控制到检验每个环节都要抓好落实。

（2）健全企业质量检验的岗位责任制。出厂产品上都打上标签，标记着检验员的代号、生产工人的代号。出了问题，一查便知道是谁的责任。责任制比无人负责更进步，但光靠事后惩罚也无济于事，因此要把质量问题控制在出厂前。

此外，企业的生产质量检查、监督体系，一定要遵循质量管理的8项原则。这8项原则适用于所有类型的产品和组织。

（1）以顾客为关注焦点。顾客是企业存在的基础，企业应把满足顾客的需求和期望放在第一位。

（2）领导作用。为了实现组织的目标，要为员工创造良好的工作环境，并建立质量方针和质量目标。

（3）全员参与。企业的成功离不开全体人员的积极参与。所以，应赋予全员职责与权限，从而激励他们的创造性和积极性。

（4）过程方法。企业为了高效运作，必须识别并管理许多相互关联的过程。

（5）管理的系统方法。管理的系统方法包括了确定顾客的需求和期望，防止不合格，寻找改进机会，实施改进，监控改进效果等。

（6）持续改进。持续改进总体业绩应当是企业的一个永恒目标，其价值在于追求不断提升质量的价值诉求。

（7）基于事实的决策方法。有效决策建立在数据和信息分析的基础上。决策的依据应采用准确的数据和信息。

（8）与供方互利的关系。把供方、协作方、合作方都看作战略同盟中的合作伙伴，形成共同的竞争优势，能够优化成本和资源，有利于组织和供方共同得到利益。

风险防控第36招　做好企业生产计划与应急安排

在实际生产活动中，出现客户的急单、生产设备故障、原材料供应不足等情况，都会导致企业生产活动出现风险，这就要求企业必须要提前做好生产计划和应急安排。那么，具体来说，要怎么做呢？

1. 排产流程要规范

企业可以把生产订单分为冻结区、宽松区和可变区进行管理。冻结区，即不可更改的生产计划，临近生产两周内的订单都属于冻结区；宽松区的订单一般有实际订单和预测，可以调整生产计划；可变区的生产计划主要是根据预测来定的，是可以随时进行调整的生产计划。

当出现突来的着急订单时，企业可以通过从可变区到宽松区，再到冻结区的顺序来安排生产计划。

有了规范的排产流程，企业的生产计划就能够实施得更加合理、有序，即便遇到突发情况，也有了可以调整的流程规范和方法。

2. 合理进行备货

企业要重视客户订单信息的收集，充分利用大数据分析工具，对客户的历史订单数据做到心中有数，并提前与客户就订单的时间、数量等进行有效的沟通，从而对重要客户、长期客户、长期订单等进行提前合理备货。

备货可以有效减少突发订单对企业生产计划造成的冲击，但一定要注意备货的合理性，保持安全合理的库存水平，否则，一旦订单情况有变，则会堆积大量库存，影响企业生产资金的周转率。

3. 做好供应商管理

原材料价格上涨、原材料资源紧缺等，都会影响企业的正常生产活动，导致生产计划无法按时完成，因此做好供应商的管理工作就显得至关重要。

一是在确定供应商前，要对潜在供应商的计划能力和应对市场变动能力作评估；二是要对供应商进行周期性评估考核，对于在实际原材料供应的过程中出现的问题，要求供应商改进；三是对于重要的原材料，一定要与多家供应商合作，以降低风险；四是要与供应商建立深度合作关系，及时沟通需求，彼此相互信任，要求供应商建立安全库存等。

企业只有做好供应商管理，才能有效地避免原材料供应不足、不及时等原因导致的订单违约等风险。

风险防控第37招　定期检修、维护生产设备

对于生产型企业来说，生产设备突然出现故障是一件令人非常头疼的事情。一方面，设备故障会导致生产停滞，尤其是在生产旺季、订单又多又急时，不仅会导致成批订单无法按时交货，还会发生违约风险、信誉风

险等。另一方面，生产设备故障，具有复杂性的特点，尤其是一些进口设备，维修、配件等都需要比较长的周期，如果是非通用的设备，寻找配件也是一个难题。此外，设备故障还容易导致安全事故的发生。

企业要想避免因设备故障而带来的生产风险，就一定要做好生产设备的定期检修、维护工作，把故障消弭于无形之中。

1. 定期对设备进行预防维护

企业要专门指定设备维护人员根据设备的情况拟订日常维护计划，并按时、按量地做好预防维护工作。越是在赶产量、赶进度的非常时期，设备的预防维护工作越是不能被挤压、被敷衍、被省略，否则，一旦设备发生故障导致生产瘫痪，造成的损失反而会更大。俗话说，磨刀不误砍柴工，设备的预防维护工作做好了，才能更好地保证生产设备的正常运转。

2. 培养设备检修的专业人员

尽管很多设备厂家都提供检修的服务，但在实际生产活动中，时间就是生命，倘若事事都要等厂家派专人来检修，那么，无疑会耽误不少生产时间和影响生产进度。企业可以通过积极培养自己的设备检修专业人员，来应对设备故障。如此一来，就能够第一时间由专业人员迅速排除，从而大大提高生产效率。

3. 常备易损耗的设备配件

对于生产设备中常常会用到的损耗型配件，设备维护人员一定要做好相关的统计工作，提前购买储备，以提高设备检修的效率。此外，还要与采购部门积极沟通，如果是比较小众的机械或设备，一定要提前搭建好相关配件的采购渠道，以免遇到故障时出现找不到配件可用的情况。

4. 授权一线工人日常检查设备

生产设备的使用是否正常，哪里不正常，可以说没有人比一线生产工人更了解的了。因此，企业可以授权给一线工人开展设备的日常检查工作，对于发现设备异常并及时主动上报的一线工人给予奖励。此举可以快速发现设备异常情况并及时解决异常问题。

风险防控第38招　保持生产环境卫生、规范、有序

对于企业来说，生产环境也是生产活动中的重要一环。一个脏乱差的生产环境，不仅仅会影响生产人员的心情，还会造成很多实际影响。比如，生产原材料被糟糕的环境污染、摆放混乱的生产用品可能引发安全事故、杂乱无序的生产秩序会严重影响正常的生产效率等。

可以毫不夸张地说，保持生产环境的卫生、规范、有序，是关系到生产效率的关键环节之一，也是消除生产过程中安全隐患的有效方式。那么，具体来说企业应该怎么做呢？

1. 划定区域，明确责任

企业可以根据生产区域的情况以及生产员工的数量等，将生产区域进行划片，对人员进行分组，通过规定各组卫生责任区的方式来保证每一个生产区域都有相关的负责人。此外，还可以通过各组之间的卫生评比等确定奖惩措施，如此一来，企业的生产环境就处于管理可控的状态了。

2. 一定要有检查机制

只布置维护生产环境的任务，却没有相应的检查评价，那么，所有的任务布置都会约等于没有任务，执行情况也会不理想。企业要明确生产环境的检查制度、检查机构，采用定期检查、突击检查、综合检查、随机

等多种多样的方式来监督各个生产区域的环境情况,并按照制度给予惩戒。

一般来说,在实际生产活动中,生产班长是保持基层生产环境干净整洁的重要管理人员,对于生产班长的职责要求可以参考以下几点来制定:

(1)经常巡视生产线,督导作业者是否注意维护卫生、规范、有序的生产环境。

(2)如果发现生产环境不达标的话,在立即纠正的同时,把此事如实地向上级报告。

(3)在发现生产环境中出现异常情况而自己又无力解决时,要及时上报。

(4)如发现生产环境中出现不合理情况,让作业者养成必须报告的习惯。

(5)对生产环境的作业指示在明确传达给员工的同时,还需要以标准资料的形式进行指导。

(6)指导后对其作业结果,亲自确认,判定良否,如果其结果不理想的话进行再指导,直至达标为止。

(7)把每日统计的生产环境中存在的问题收集起来作为实施改善对策。

风险防控第39招　做好生产人员的培训、教育工作

企业的所有生产活动都要依靠生产人员来执行,生产人员的素质、专业水平、能力高低、工作积极性等都直接影响着企业生产活动的结果,对

产品质量有至关重要的影响力。要想规避由"人"而带来的生产风险，就一定要做好生产人员的培训、教育工作。

1. 建立入职培训机制

尽管有些生产岗位，对于入职新人的专业技能要求不高，"基本看看就能干"，但也必须开展必要的入职培训。一来入职培训可以让新入职人员快速了解企业的生产制度、规范，有利于降低其工作上的错差率，提升产品的合格率；二来很多安全事故往往就发生在"懵懵懂懂"的状态中，加强入职培训可以有效提高新入职人员的安全意识，严格遵守安全生产规章制度。

2. 为老员工提供进修机会

人都有自我成长的需求，企业要想留住老员工，降低一线人员流失率，就一定要给老员工提供进修学习机会。这不仅有利于企业的人才培养，还是提高生产效率、降低产品残次率、降低生产成本的好方法。企业可以定期聘请生产专家、相关领域的专业人士，给全体员工做培训，还可以选拔优秀员工外出观摩、进修等。一线生产员工技能的提升，必然能够带动整个生产活动的效率提升、品质提升。

3. 实行轮岗制度

轮岗制度，一方面可以缓解老员工产生职业倦怠，激发其工作积极性和热情；另一方面有利于企业通过轮岗制度培养出更全面的生产型人才。企业可以根据自身的实际情况以及不同岗位的技能要求等，制定合理规范的轮岗制度。

总的来说，企业对生产人员的培训、教育体系，要呈现以下五大特点：

一是针对性要强，不同职位的员工所接受的培训内容要不同；

二是培训形式要多种多样，比如，听讲座、观摩录像资料、培训课程等；

三是长期性，从新员工入职开始，就要安排其接受培训，职位升迁之后，又要进行相应的培训课程学习；

四是独立性，最好建立专业练习系统及教育基地，这更有利于进行专业的培训，提高实操水平；

五是岗位性，培训是职位升迁的必经过程，既能激发员工的积极性，同时也有利于企业与员工一起成长。

风险防控第40招　合理备货，保证及时交付产品

能否及时并且保质保量地给客户交付产品，是衡量企业风险的一个重要指标。在竞争日趋白热化的市场中，任何一个客户或消费者都不愿意等待，倘若无法及时交付产品，那么，必然导致企业危机的出现。

那么，企业怎样才能最大限度地保证及时交付产品呢？

理论上来说，企业备货越充足，及时给客户交付产品的保障性就越好。但从企业的实际经营情况来看，库存往往意味着更多的资金沉淀、更大的成本压力，对于企业的正常资金周转是非常不利的。

对于企业来说，降低库存是有必要的，但合理备货也是必不可少的。企业可以采用下列方法来计算出合理的库存和备货数据。

1. ABC 重点控制法

即把企业的全部库存按照重要程度或价值高低，划分为 A、B、C 三

类，并采用不同的库存管理方式。

更重要、价值更高的 A 类库存，要强化对其进行管理和控制，为减少存货积压，要精准计算经济订货量和订货次数，通过减少订购量、增加订购次数来减少大量资金占用；一般重要、价值中等的 B 类库存按照常规方法管理和控制；不重要、价值低的 C 类库存，只需最简便的管理控制方法即可，可减少订货次数、适当增加每次订货数量。这种分类管理法，可以有效降低库存对企业资金的占用，大大降低库存的管理成本。

2. 经济批量法

这是根据单位产品支付费用最小原则来确定的批量方法，适用范围比较小，库存耗用量或销售量固定、每次订货成本固定、单件库存储存成本固定，不考虑保险库存的情况下才可以使用这一方法。

3. 准时生产制库存管理方法

这是一种非常先进的库存管理方法，核心原则是以需定供、以需定产。也就是说，企业采购的物品可以通过要求供方按照所需产品、数量、规格、时间、地点等要求，将物品及时地送到指定地点，并保证物品的质量。生产的同步化和均衡化是准时生产制库存管理方法的突出特点，"适时、适量、适物"的生产不仅可以保证合理备货，又可以将库存降低到安全范围。

此外，企业还要考虑到外部因素导致的交付产品不及时，比如，物流不准时、运输中出现恶劣天气等，因此在给客户交付产品前，一定要考虑到不可抗力因素，只有这样，才能做到不失信于客户。

风险防控第41招　做好生产原材料的供应管理

在选择供应商时,需要考察的细节:一是商品质量。这并不是说商品的质量越高越好,而是要选择适合要求的,商品质量如超过企业要求的标准,必然会增加生产成本,同时也是一种浪费。二是交货是否准时。能否按约定的交货期限和交货条件供货,将直接影响企业是否能够按时生产,保证生产的连续性。

企业能否按时生产,很大程度上取决于生产原材料的供应商,而供应商的管理是企业最具风险的管理问题之一,因此,必须要加强对生产原材料的供应管理。

1. 把供应商看成企业的一部分

很多企业在面对供应商时,自感高人一等,殊不知,企业的生产发展与供应商息息相关,如果我们不尊重供应商,看低供应商,最终吃亏的是我们自己,当然,抱着这样的心态也很难与供应商处理好关系。

正确的做法是将供应商看成企业的一部分,二者是紧密联系的整体。比如,丰田公司非常重视供应商,激励并助其改善,帮助供应商们建立起精益管理体系,推行TQC(全面质量管理)来提升和稳定供应商零部件的品质。

2. 建立供应商评估指标体系

供应商评估指标体系是企业对供应商进行综合评价的依据和标准。不同行业不同企业的供应商评估指标不同,但基本上都包括供应商的业绩、设备管理、人力资源开发、质量控制、价格、成本控制、技术开发、用户满意度、交货协议等方面。

比如,海尔对供应商的评价主要侧重于质量、成本、交货期,以及能否参与到早期设计过程等方面。对供应商的评价包含在对供应商的质量体系考核评价之中,海尔对3个月绩效不合格的供应商给予淘汰处理,对存在一定问题的供应商,要求其进行整改。

3.加强细则管理

对供应商的管理时刻不能松懈,只有这样,企业才能及时发现原材料供应方面存在的问题,主要包括进度管理、品质管理、成本管理、契约管理四方面。

进度管理:进度管理就是随时了解供应商的生产进度,而不是等到交货日期临近时采取催促的方式,企业可以借助ERP系统,为供应商开放权限,让供应商及时更新生产数据。

品质管理:企业应不定期地对供应商进行巡检,并对产品质量进行抽查,不要等到交货时再去做这些事情,以便及时发现问题,尽早处理。

成本管理:企业要帮助供应商建立新的研发技术,以便降低成本。

契约管理:对供应商进行契约管理,包括是否能如期交货,能否确保产品质量,以及能否与企业进行良好的配合等。

案例:安全生产无小事,企业破产一念间

对于企业来说,安全是最容易发生风险的问题。2017年,某小企业因发生一起安全事故导致员工高空坠亡而破产。事故起因是:该企业的一名员工在操作简易升降机时操作不当而坠落,企业负责人在第一时间拨打120进行急

救，但最后抢救无效死亡。

经过对安全事故进行调查得出结果，该企业提供的设备存在安全隐患，也没有对员工进行必要的安全教育和培训，因此，企业对此次安全事故负有连带责任，其处理结果是：该企业向死者家属赔偿90万元，企业经营者被追究刑事责任。由于企业规模小、盈利能力有限，无力全部支付90万元赔偿金，其中部分赔偿款以机械设备作为抵押借贷。在这种情况下，企业的破产倒闭也就不足为奇了。

安全无小事，企业因安全事故而导致破产，并不是个例。企业都要做好生产安全风险的防控工作，因稍有疏漏出现安全事故，企业所要承受的损失是非常巨大的。

对于企业来说，安全问题带来的损失主要有以下四方面：

一是经济损失。包括事故赔偿金、紧急救护费、医疗和康复费用、补助救济费用、事故罚款、法律诉讼费用、工人缺勤造成生产损失、工人因工伤等原因转岗以及由此带来的培训费用和工资损失等。

二是时间损失。包括配合政府相关部门开展的事故调查的时间、停工整顿时间、重新招聘、培训新员工的时间等。

三是法律责任。包括行政处罚以及可能追究刑事责任等。

四是社会信誉损失。企业一旦发生安全事故，都要依照信息公开制度要求，曝光事故调查报告和处罚结果，会直接损伤企业形象，影响上市、贷款、财政扶持等。

【小贴士】

　　企业进行生产活动，风险主要集中在两方面：一方面是随着国家对环保的重视，对于生产活动中的环保要求越来越高，废弃物排放标准越来越高。尤其是我国要在2030年前实现碳达峰目标，2060年前实现碳中和目标的大背景下，企业生产活动的环保压力会越来越大。另一方面是安全生产方面的风险。党的十八大以来，党和国家高度重视社会治理，有序推进平安中国建设，体现在企业层面，则是对生产安全提出了更高要求。自2019年4月1日起施行的《生产安全事故应急条例》明确规定了生产经营单位的法律责任，未配备应急救援器材、设备和物资，未对从业人员进行应急教育和培训，未定期组织应急救援预案演练等都会被追究法律责任。

　　从企业的经营活动上来看，生产风险主要呈现出两大特征：一是在供大于求的市场环境中，客户或消费者对于生产周期的容忍度越来越低，没有人愿意等待，生产能否及时成为企业面临的重大挑战；二是由于今天的商品质量普遍较好，这就使得客户或消费者对不合格产品的容忍度更低，哪怕是极少数的不良品也会给企业带来负面影响，这对企业的生产质量控制提出了更高要求。

第五章
成本风险防控：科学应对失控的成本

风险防控第42招　降低成本之布局上下游产业

生产成本的支出，在任何一项企业支出里都享有优先权。降低生产成本是降低企业经营总成本的最主要，也是最重要的途径。它直接影响和决定着企业的竞争能力。可以说，降低生产成本是确立企业竞争优势的根本，是规避市场风险的最有力武器。

在任何物品的价格越来越透明的今天，降低成本并不是一件简单容易做到的事，而是成为企业的系统性战略工程。

布局上下游产业可以有效降低企业成本，构筑起更难以攻破的成本竞争优势。那么，企业具体应该怎么做呢？

1. 做好企业所处产业链定位

不同行业，其产业链的结构千差万别，不同企业在各自的产业链中也处在不同的位置，扮演着不同的角色。企业要想通过合理布局上下游产业来降低成本，那么，第一步要做的就是看清自己所处产业链的位置；第二步则要梳理出自己的上游、下游以及周边配套都有哪些；第三步则是计算出上游、下游以及周边配套产业的投资产出比，和自身所能够拿出来用于投资的资金，然后通过综合分析，得出初步具备布局价值的领域。

2. 注意与企业现有产业相衔接

布局上下游产业时一定要注意与企业现有产业相衔接。很多企业在现在所从事产业领域已经有了比较深入的了解和较为成熟的运作，而这些就是企业的优势。只要提高现有资源的利用率，就能有效节约支出、控制成本。因此，企业在进行新的投资时，首选能和自身现有产业相衔接的项目，成功率要比其他项目大得多。

在布局上下游产业进行投资时，无论项目种类和大小，决定企业成本降低程度和获利能力的关键因素都是企业管理水平的高低。不同企业类型有着不同的管理方式和方法，工业与商业、技术密集型、资本密集型、劳动密集型企业，不同地区间企业的管理要求都会存在非常大的差异。在选择投资项目的时候，企业必须先了解项目行业特征和管理特点。

3.注意与所在地区产业相联结

在行业布局中，原料集散市场和产品的集中展示集散市场至关重要。这些区域里所有生产资源、技术资源、市场资源、劳动力资源相对集中并配套，形成了费用较低的经济圈。因此，企业在进行上下游布局时，如果能充分考虑到地区优势的话，那么，其降低成本的效果也会更好。

风险防控第43招　降低成本之规模采购策略

采购是企业经营的源头，只有控制好采购成本才能够为企业取得成本优势打下基础。否则，随后的生产过程可能会因为采购过程中存在的问题而使企业遭受损失。

采购是节约的源头。但是，降低采购成本不是一朝一夕的事情，而是要通过一系列的方法措施，"有礼有节"才能完成。这样建立起来的节约模式才更持久。

那么，如何才能有效率地降低采购成本呢？主要手段有以下6种：

（1）化零为整。大批量采购，可以取得规模效益和享受采购优惠。

（2）采用多种采购形式降低采购成本。如：招标采购、询价采购、比价采购等。

（3）加强库存成本控制。即准确界定企业的年需求量与年采购总额。

（4）建立采购成本分析制度。通过了解物品的生产成本构成，制定合理的采购价格。

（5）建立供应商选择制度。挑选若干产品价低质好、交货及时、信用程度较高的厂家，然后筛选出一个最优厂家。

（6）建立物流式的企业。将产品的运输和仓储全权交给物流企业去完成，使得生产企业专心于生产。

企业在采购时，往往对供货商又爱又恨，没有供货商的合作，企业会"断粮"，但有些供货商总是因为这样或那样的原因，不断提高供货价格。如果企业总是默默承受的话，那么利润就会白白流失。

那么，怎样才能迫使供货商降低价格呢？通常可以采取以下策略：

（1）货比三家，探听虚实，避免当"冤大头"。

（2）用长期供货做诱饵，逼迫供货商"就范"，拿出最低的价格。

（3）挑产品的毛病，学会"鸡蛋里挑骨头"。这点往往很有效，因为没有产品是完美的。

（4）找"托"，找一些口才好的人在旁边煽风点火，以达到使其降价目的。

（5）聘请或培养一名采购专家对企业的采购进行监管，可以大幅降低采购成本。现代商业采购需要更专业的采购人士。

风险防控第44招　降低成本之全面质量管理

全面质量管理的理念，自20世纪60年代在美国诞生以来，很快便在全球范围得到了充分的推广与发展，这种管理方式在中国企业当中的应用也颇为广泛。全面质量管理，能够给企业带来的改变是多方面的，如缩短库存周转时间、缩短总运转周期、提高生产效率等，但总的来说，可以归结为两点：一是降低质量所需的成本，二是使客户提高满意度。

在全面质量控制之父阿曼德·菲根堡姆看来，全面质量管理就是"为了能够在最经济的水平上，并考虑到充分满足顾客要求的条件下进行市场研究、设计、制造和售后服务，把企业内各部门的研制质量，维持质量和提高质量的活动构成为一体的一种有效的体系"。

那么，企业如果想运用全面质量管理来降低成本，具体需要怎么做呢？

1. 强烈关注顾客

在互联网时代，买方市场优先早已经成为大众的共识，顾客就是上帝，就是决定企业生死存亡的主要力量，能否满足顾客需求，能否为顾客提供超出预期的产品，决定着企业是否可以赢得顾客的青睐和认同。全面质量管理，就是要强烈关注顾客，从市场调查、产品设计到样品生产、大批生产，再到检验、仓储、营销、销售，包括售后服务，整个流程都要充分贯彻以顾客为中心的思想，并落实到实际行动中，只有这样，才能做到让顾客放心满意。

2.坚持不断改进

产品质量没有最好，只有更好；生产成本没有最低，只有更低。不管是在产品质量要求上，还是在成本控制上，企业都需要不断地进行改进，只有这样，才能保持企业的市场竞争优势。

3.精确的度量标准

企业管理，最忌讳的就是"差不多""模糊"，只有精确的数据化管理，才能够更好地发现问题，从而解决问题。企业要为组织作业中的每一个人、每一项工作都设置度量标准，并做好记录。这种方式不仅可以非常有效地杜绝浪费，还能够提高全员的质量意识、效率意识、成本意识。

4.给员工授权

企业管理者采用全面质量管理来降低成本，切记不要想当然地削减预算，因为没有人比一线员工更了解哪些工作可以改进，哪些成本可以节省，哪些质量的提升不用付出额外成本。要依靠群众的力量，企业不妨给员工授权，引导企业全员都加入改进的过程中来，依靠团队的力量来发现问题并解决问题。

风险防控第45招　降低成本之业务流程重组

随着企业的不断发展，组织的业务流程也变得越来越复杂，结果会由于业务流程过于复杂、不合理而导致企业成本增加。尤其是对于大企业来说，对业务流程进行重组可以明显降低企业成本。今天的企业，内部业务流程正在变得越来越扁平化，实际上，这就是很多企业进行业务流程重组而形成的典型现象。

业务流程重组，也叫 BPR，即 Business Process Reengineering，早在 20 世纪 90 年代就广泛应用于企业的实际管理之中。所谓 BPR，就是"对企业的业务流程 (Process) 进行根本性 (Fundamental) 的再思考和彻底性 (Radical) 的再设计，从而获得在成本、质量、服务和速度等方面业绩的戏剧性的 (Dramatic) 改善"。BPR 的重要支持手段是信息技术，通过应用信息技术实现整个组织的信息共享，去除冗余步骤。

那么，具体来说，企业应该怎么做呢？

1. 明确业务流程的核心

不同企业的业务流程的核心是有差异的。比如，生产型企业的业务流程的核心是生产，研发类企业的业务流程的核心是创新，服务型企业的业务流程的核心是客户。要想对现有的业务流程进行优化，企业首先要根据自己所处的行业、内部业务的实际情况，找出业务流程的核心。

2. 以核心为抓手重组业务流程

对业务流程的重组，一定要以业务流程的核心为基础，只有紧紧围绕这一目标，才能保证业务流程的重组是有价值的、高效的。否则，很容易会造成重组后的业务流程还不如原有流程的尴尬情况。

3. 打破金字塔状的组织结构

业务流程的主要特征是协同，而不是按职级顺序。企业在对业务流程重组的过程中，一定要大胆打破金字塔状的组织结构，建立新的互联互通的高效组织结构，让企业能够更好地适应信息社会的快速高效，可以为员工更深入地参与企业管理提供渠道与机会，从而保证组织内部不管是上下还是左右都能够快速联动，面对市场具备超强的应变力和灵活度。

总的来说，要想成功地对企业的业务流程进行重组，还要做好两方面的工作。一是硬性工作。即企业组织结构框架的重新设计、管理体系的重新搭建、业务流程的改善调整等。二是软性工作。比如，转变组织内部的沟通方式、培育组织文化、领导行为的改变等。只有同时做好硬性工作和软性工作，才能更好地保证企业重组后的业务流程能够落实、执行、持续发挥作用。

风险防控第46招　降低成本之全员主动节约

现代企业办公离不开电脑，电脑的大量使用，大大提高了办公效率。办公，没有电脑是不行的，因此要想降低成本，就得在降低电脑的耗电量上下功夫。那么，怎么才能把电脑用电量降到最低呢？

（1）购买品牌电脑，不用组装机。组装机虽然价格便宜，但耗电量高，容易出现质量问题，维修费用较高，算下来没有品牌电脑省钱。

（2）选择合适的电脑配置。显示器越大，消耗的电量越多，因此对电脑显示器的选择要适当。

（3）选择合适的外接设备，并合理地与电脑连接使用，能够节电。如喷墨打印机使用的能源比激光打印机要少90%。暂时不需要使用的打印机等连接设备应及时关掉电源。

（4）设置电脑省电模式，将电脑的运行速度和显示器亮度调整到最节电的模式。要合理正确地使用电脑的"等待""休眠""关闭"等选项。

（5）保持环境清洁，定期清除机内灰尘，擦拭屏幕，既能降低电脑电耗，还可以延长电脑的使用寿命。

炎炎夏日，办公室的空调可能会长时间运转，电费也是不可小觑。在使用空调时，不妨使用点节能技巧，空调的耗电量也有"温柔"的时候。

（1）在空调的选购上，使用面积要和空调的功率相匹配，尽量选择更加省电的变频空调。

（2）安装空调的位置不宜过低，尽量选择背阴的房间或房间的背阴面，避免阳光直射，连接室内机和室外机的配管以短且直为佳。

（3）空调的设置温度不应过低，否则，耗电量会增加。通常情况下，室内与室外温差保持在4℃～5℃就可以了。

（4）制冷时，出风口向上；制热时，出风口则向下，以达到最好的效果，最省电状态。常清洗过滤网，避免空调电耗增大。

（5）空调可以搭配电扇使用。空调开两三个小时就可以关机，然后打开电扇，不仅降温效果好，节电效果也很明显。

（6）空调在每次使用完毕，不仅要关电源也要拔插头。出门前10分钟关空调。

打印文件、记录事情、传达精神、制订方案都少不了纸张。企业的未来印在纸上，企业的发展写在纸上。但是企业一年的纸张浪费也是相当惊人的。有专家统计，有一半甚至以上的纸张是被浪费掉的。节约用纸对降低办公成本来说，是非常有必要的。

（1）在打印机旁摆放"单面打印"收集箱，并重复使用这些"单面"纸张，放置"回收纸"来放双面都使用过的废纸。

（2）高效打印和复印。在打印之前先仔细检查，没有错误再打印，可以将所要打印的文件做格式、字号上的调整，以节省打印的张数。善于利用复印机的缩小比例功能。

（3）设立一个专门放置废纸的地方，收集废弃的纸张和过期的报纸、杂志，然后集中卖掉。这将是一笔不可低估的收入。

不少企业对于水资源的浪费都存在一定的麻痹大意，认为企业用不了多少水，而且水费也不贵。水龙头，虽是个不起眼的小物件，流出来的却都是企业的资金，节约用水很有必要。

（1）阻止滴漏勤节水。每次用完水后，别忙着急匆匆地走开，留意一下水龙头是否关紧了，如果水龙头有滴漏的话，及早维修。

（2）尽量采用低流量水龙头。装上低流量的水龙头，洗涤效果不受影响，却至少可以将水流量减少一半。这不失为企业节水的一个好方法。

（3）给水龙头加装有弹簧的止水阀，或能够自动关闭水龙头的自动感应器，这样可以避免水未经使用就白白地流掉。

（4）规定用水量，限定供水时间。可以采取除卫生间以外的限时供水制度，让员工有一种紧迫感，避免水资源的浪费。

风险防控第47招　降低成本之库存科学管理

人们常说"库存即亏损"，是因为企业越做越大，仓库也越建越大，销售额跟着翻了几番，流动资金却没见增长多少，库存成本把辛苦几年的利润都"吃"掉了，这是很多企业的普遍现象。

企业要想有效降低成本，就一定要重视库存的科学管理。为此企业必须做好库存决策。库存决策的组成要素，主要包括以下几方面：

1. 周转库存

周转库存是指用于满足在供应商两次供货之间的需求的平均库存量。其规模取决于大批量生产或采购原料的规模，需要权衡采购成本和存货成本。

2. 安全库存

安全库存是为防止需求超出预期而持有的存货，目的是应付不确定性需求。因需求不确定，可能出现超过预期的情况，企业需要持有安全库存来满足超出预期的要求，因此，企业要确定保持有多少安全库存是一个重要的决策。

3. 季节性库存

季节性库存是为了应对可预测的季节性需求波动而建立的，即在淡季建立库存，为应对旺季提前准备。对于季节性库存，企业在作决策的时候，需要考虑两个问题：一是是否需要建立季节性库存，二是需要建立多少季节性库存。

当然，企业如果能以较低的成本快速改变其生产系统的产量，那就不需要建立季节性库存。但如果产量调整需要企业付出高昂的代价，则需要建立季节性库存。至于库存的大小，需要在保有额外的季节性库存的成本与产量调整所带来的成本之间作出权衡。

4. 产品可获性水平

产品可获性水平是指库存的产品中能够准时满足需求那部分的比例，高水平的产品可获性提供高水平的响应性，但因要持有很少使用的大量库存，则导致了成本的增加；低水平的产品可获性则降低了库存持有成本，却不能使服务顾客的比例增加。这时，企业需要考虑的是：衡量高产品可获性水平而导致的库存成本与不能及时服务顾客所带来的损失。

下面可以通过对以下库存指标的分析，来有针对性地把企业库存控制在合理范围之内。

平均库存：是持有库存的平均数量，平均库存应按单位需求天数和货币价值来衡量。

平均安全库存：是补充的订货到达时所持有的平均库存。平均安全库存按 SKU（库存量单位）衡量。即货物单位和需求天数。

季节性库存：是流入产品量超过销售量的数量。在周转库存和安全库存之外，建立季节性库存是为了解决预期需求居高不下的问题。

库存周转率：是指一年内库存周转的次数，它是销售成本或销售收入与平均库存之比。

超过指定天数库存的产品：是公司库存量大的产品，这个指标可以用来识别供大于求的产品，进而查明库存过大的原因，如价格折扣或运送速度慢。

满足率：是运用库存使订单需求得到准时满足的比例。满足率不应按时间来求平均值，而应按需求单位数量来求平均值。

脱销时间比例：是指某一特定库存单位是零库存的时间比例，这个比例可以用来估计缺货时期的失售。

陈旧库存：是库存时间超过规定的陈旧期的库存。

风险防控第48招 降低成本之作业成本管理

每个生产作业环节，其实都可以是降低成本的关键，如果对这些作业环节逐一仔细推敲，往往收获颇丰。

1.项目逆向分析法

企业可以运用它来降低各个作业环节的成本。首先，确定合理先进、效益最大化的单位产品的目标成本。其次，依据市场竞争力为导向分解内部转移成本；再次，以此为控制指标，落实到具体的人和设备上；最后，将指标责任与奖罚制度挂钩，强制实现成本目标，达到系统总体最优。

企业可以采用"模拟市场核算、倒推单元成本、实行成本否决、全员成本管理"的成本管理模式，将生产作业进行层层分解，利用"倒推单元成本"的办法，测算出各项费用在单位产品成本中的最高限额。然后，把任务分解落实到各科室和个人，层层签订协议，并与奖惩制度挂钩，达到责、权、利相统一，使全员形成纵横交错的目标成本管理体系。

项目逆向分析法是企业控制"环节成本"最为有效的方法之一，无论是大企业还是小企业，也无论是国有企业还是私营企业，都可以把项目逆向分析法作为企业节约成本支出，获取利润的手段。

2.原料消耗定额法

原料消耗定额，是指在一定的生产和技术条件下，企业生产单位产品或完成单位工作量应该合理消耗的原材料标准数量。

原料消耗定额标准是其他成本控制手段的基准，对原料采购、库存、资金利用等有制约作用。其中，消耗定额"合不合理"，即意味着企业成本水平"合不合理"。

所以，制定一套原料消耗定额标准对于企业来说刻不容缓，它可以遵循以下原则来制定：材料消耗定额应通过具体制造公式加以确定；成熟产品设计和工艺是定额制定的基础；制造程序、步骤和方法的标准化；定额是生产部门、设计部门、财务部门以及公司管理层多方面参与的结果。

原料消耗定额是解决原材料浪费的好方法，企业只要掌握了正确的制定原料消耗定额的原则，就能有效控制原料浪费，达到降低成本的目的。

风险防控第49招　降低成本之转移生产地区

由于交通、区位、基础设施、产业集群、上下游配套、人员工资水平不同，不同地区的生产成本也有不小的差异。企业要想更好地降低生产成本，可以通过转移或部分转移生产地区来实现成本风险的防控。

那么，如何通过转移生产地区来降低企业的成本呢？

1. 剥离可转移的业务

对于企业来说，并不是所有的业务都可以或者说都适合进行地区转移的。倘若把创新研发中心转移到中西部比较落后地区，那么，显然不是一个好主意。尽管这种做法可能会降低成本，但还会带来效率降低等其他的问题。企业要先对自己的业务进行是否可剥离转移的评估，比如，客服板块、技术含量较低的组装板块、人口密集型生产板块等都比较适合进行剥离转移。

2. 寻找合适的地区

根据剥离可转移的业务实际情况，有针对性地筛选适合转移的地区。在选择地区时，一是要考虑到是否满足业务的正常运转条件，比如，当地的硬件基础设施如何、能否顺利审批到合适的厂房等；二是是否具备成本优势，比如，人力成本更低、交通运输更便利、距离原材料产地更近、采购价格更便宜、当地有较大税收优惠政策等。

此外，企业还要考虑与业务转移地的各种特征相关的一些问题。比如，宏观经济因素、劳动力素质、设施成本、是否接近消费者以及税收效应等。

寻找合适的地区并不是一件容易的事情，而是关系到企业长远发展的重大问题，是一个系统性、综合性的工程，需要慎重决策。一般来说，可以按照剥离可转移业务、适合转移地区初选、不同地区优劣势对比分析、形成转移生产地区初步方案、企业内部进行多轮的商讨调整、最终形成决策的顺序进行。

3.转移业务过程中需要注意的细节

企业要考虑设施布局是以产品为中心，还是以功能为中心，因为前者是为了生产某一类产品而具备所有的功能，例如加工和装配。后者是为了生产许多类型的产品，而具备一组给定的功能，例如，仅有加工功能或装配功能。

在增加生产设施之前，企业要考虑它是柔性的还是专用的，或者是二者相结合的柔性产能，可用于多品种生产，但往往低效；专用产能虽然只可用于少数产品，但是更高效。

企业必须确定设施的产能，以完成预期的功能。拥有大量过剩产能，使设施非常灵活，并能应对需求的起伏变化，但企业需要考虑的一点是，产能过剩会增加成本，从而降低效率。

没有过剩产能的设施比有大量过剩产能的设施，在单位产品的生产上更有效率。但是，高利用率的设施却难以应对需求的大涨大落，因此，企业必须作出取舍，以决定每个设施的适当产能。

风险防控第50招 降低成本之原材料预囤货

在竞争越来越激烈的今天，很多企业都选择"轻资产"模式来提高对市场的灵活应变能力，这种模式固然有不少好处，但同样存在一定的劣势，即对市场原材料的价格更敏感，更难以对抗原材料市场的波涛汹涌。

众所周知，商品价格取决于商品价值，同时会根据市场供求情况发生上下波动。也就是说，商品的价格并不是固定的，会有上涨的阶段，也会有下跌的时候，尤其是在原材料领域，这种情况会更加普遍。

可以毫不夸张地说，任何一种原材料都有一定的价格周期。当原材料上涨时，采购企业就会承受非常大的成本压力，这是由于产品的终端销售价格往往难以提高，而采购原材料需要支出更多的成本，这部分上涨的成本直接挤占了企业的利润空间，甚至会出现越生产越亏损，产品卖得越多，企业亏得越多的倒挂现象，从而导致企业破产。

如何应对原材料价格不稳定给企业带来的成本风险呢？

1. 做好原材料价格周期的预测

一切预测都是基于历史数据的，所以，企业要根据需要采购的原材料品类，分别做好大宗原材料的价格周期预测。首先，大规模收集过去几年该原材料价格的涨跌情况，最好能够形成统计表，统计的时间密度越密集，数据的可参考价值就越高。其次，充分了解该原材料的主产地有哪些、产能情况变化等。最后，收集该原材料的市场需求情况，可以统计连续几年的市场总需求，同时要特别注意有没有新增的市场需求。有了这三方面的数据，相信对于该原材料的价格周期就能够有一定的认识，具备了进行合理决策、科学决策的基础。

2. 在原材料价格高峰时压缩采购

企业的生产是一个持续的过程，倘若原材料跟不上，那么，无疑会迅速失去一部分市场，因此，保障原材料供应的稳定是非常重要的。一般来说，当原材料价格处于高峰阶段时，原材料往往会供不应求，企业此时进行采购不仅要付出更多成本，还很容易造成原材料供应不足的情况。在这一价格周期，企业宜压缩采购量，保持基础生产量即可。

3. 在原材料价格低谷时大量囤货

当然，原材料价格不可能一直处于低谷状态，在这一价格周期，企业的生产成本比平时更低、利润空间更大，因此，有资金实力、能够承担大量囤货成本的企业，不妨大量囤货。需要注意的是，大量囤积原材料，虽然价格低，但是存在更多仓储成本、资金沉淀周转变慢的隐性成本等。所以，一定要提前算好账，只有这样，才能作出更科学合理的决策。

风险防控第51招　在全球范围内寻找成本洼地

由于多种因素的影响，全球各个国家和地区的经济发展水平是非常不平衡的。

全球人力成本、税务成本的不平衡，使得企业，尤其是大型的跨国企业就有了在全球范围内寻找成本洼地的机会。如今，大型跨国企业通过在全球范围内布局，利用成本洼地国家地区的优势来降低成本，已经是一种比较常规的操作。

那么，具体来说，企业需要怎么做呢？

1. 海外投资布局要合法

近年来，出海投资的中国企业越来越多，为了进一步加强对中国企业海外投资的管理，国家发展和改革委员会在2017年印发了《企业境外投资管理办法》。企业到海外进行投资布局，一定要严格按照国家相关法律法规取得审批资格，只有这样，才能降低法律风险，实现降低成本的目的。

2. 选好海外成本洼地

海外不同的国家和地区，情况差异会很大。所以，企业在选择成本洼地时，不仅要考虑到当地的税收政策、人力成本等，还要考虑到当地的基础设施建设情况、人力资源的素质与知识水平、交通情况和当地的社会文化氛围等。有些地区，明面上看来成本很低，但实际上会存在不少看不到的隐性成本，因此，对海外成本洼地的选择一定要谨慎、再谨慎。

3. 在海外开设分部

选好了海外成本洼地，确定了要进行布局的业务，那么，就可以按照国家的相关法规进行投资开设子公司或分部。需要注意的是，不同的国家和地区对于企业的开设、经营、纳税、本地员工占比等都有不同的要求，要注意遵守当地的法律。

案例：锂电材料上涨，多家汽车企业亏损

近年来，新能源汽车的发展一路高歌猛进，带动了锂电池产业，旺盛的市场需求，催生了锂电材料价格的上涨。尤其是2021年第三季度以来，碳酸锂、氢氧化锂、电解钴、三元材料、负极材料、隔膜等锂电材料价格不断上涨，甚至创造出价格历史新高。

作为锂电材料的采购大户，不少推进新能源汽车的车企成本激增，利润承压，甚至是出现了"增收不增利"的现象。

比亚迪出于锂电池原材料价格上涨、负极材料等供应紧张、综合成本大幅提高等因素考量，经过内部研究后不得不上调电池产品的单价。很显然，电池产品价格上调，会对企业的电池产品销售带来不利影响。

承受锂电池原材料价格上涨压力的企业并非比亚迪一家，早在2021年第二季度，小鹏汽车净亏损11.9亿元，蔚来汽车净亏损为5.87亿元，理想汽车净亏损为2.35亿元……

锂电池原材料价格的上涨，已经成为整个新能源汽车行业面对的共同难题，对此，工信部副部长在2021世界新能源汽车大会上表示，工信部将与相关部门一起加快统筹。众多车企与电池厂商也在纷纷布局原材料上游，在全球"扫矿"以期有效降低成本。

成本风险，对于任何一家企业都是存在的，企业必须要重视成本风险的防控，快速、科学、合理地应对失控的成本，只有这样才能保证企业的长久正常发展。

【小贴士】

成本是企业的重要财务支出，贯穿于企业经济活动全过程，是企业管理与决策的灵魂。企业的成本及成本控制对经营成果起着重要的作用，企业成本控制的成功与否直接关系到企业的生存和发展。

随着经济的发展，企业之间的竞争越来越激烈，而企业之间的较量很大程度上就是产品成本的较量，在各方面都日趋成熟的情况下，要想利润最大化，就只有降低成本，可以说，降低成本就是在增加利润。

然而，在市场经济的大环境下，想降低成本就会面临各种不确定性风险。原材料的价格是随着市场而波动的，企业难以把控原材料的价格；不少企业为了提高资金周转率，在不断缩减库存，甚至是原材料和商品都在无限趋近于零库存管理，这就使得企业在变化的市场中更缺乏缓冲成本风险的空间。

成本风险防控是企业管理的重要环节，也是确保企业利润的重要手段。"在经营过程中，每节约一分钱，就会使利润增加一分，节约与利润成正比。"只有做好成本风险防控工作，才能有效地保证企业的利润空间和经济效益。

第六章
营销风险防控：不营销，就难以有市场

风险防控第52招　企业产品定价要合理

定价，是企业决定为其产品或服务向顾客收取多少费用的过程，由于定价影响顾客是否购买此产品，因此，定价成为影响企业营销和执行竞争策略必须要考虑的重要因素。

一般来说，产品定价与企业营销风险具有一定的关联性。当产品定价较为亲民时，营销投入也处于较低水平，营销风险处于低位；当产品定价很高时，要想通过销售获取利润，就对营销提出了更高要求，营销风险则会处于高位。

合理定价是企业防控营销风险的最有效方式之一，也是基础和前提。那么，企业应当如何为自己的产品进行定价呢？

通常企业采用的定价策略是需求差异定价法，该方法是指企业按照两种或两种以上不反映成本费用的比例差异价格销售某种产品或服务。

同一产品的价格差异，并不是因为产品成本的不同而引起的，主要是由消费者需求的差异所决定的。价格差异的基础是顾客需求、购买心理、时间差别以及地区差别等。采用这种方法定价通常以该产品的历史定价为基础，根据市场需求变化的具体情况，在一定幅度内变动价格。需求差异定价法的具体实施有以下方式：

1.根据顾客差异的差别定价

这是根据不同消费者消费性质、消费水平和消费习惯等差异，制定不同的价格。比如，我们去超市购物，结账时，收银员通常会问我们是否有会员卡，这是因为会员制度下会员与非会员之间购买同一商品的价格是存在差别的。

2. 根据产品差异的差别定价

质量和规格相同的同种产品，虽然成本不同，但是在定价时，并不会按照成本不同按比例定价，而是按外观和式样不同来定价。比如，同等质量的坚果，散装的和装入礼品盒里的，二者之间价格相差很多。

3. 根据不同地理位置的差别定价

由于地区间的差异，同一产品在不同地区销售时，制定的价格是不同的。比如，我们购买飞机票，头等舱的价格比经济舱的价格贵很多；入电影院看电影，不同的座位价格也是有差异的。

4. 根据时间差异的差别定价

同一产品在不同时间段里，顾客的需求强度也是有差别的，比如，在需求旺季时，可以提高价格；在需求淡季时，可以降低价格吸引顾客购买。

定价能直接影响收入，也可能影响生产成本及库存，企业在定价之前，应审核以下与定价有关的指标。

边际利润：是指利润占收入的百分比。

平均销售价格：是指一定时期内供应链完成某项任务的平均价格。

平均订货量：是指每次订货的平均数量。

销售未付款天数：是指企业在销售完成后取货款所需的工作日数。

单位可变增量成本：是指随订货量大小变化而增加的成本。

销售价格区间：是指某一特定时期内每单位产品的最高销售价格和最低销售价格二者的变化范围。

周期销售额区间：是指在某一特定时期，每单位时间（日、周、月）最高销售量和最低销售量二者的变化范围。

风险防控第53招　做好产品供应控制

当企业营销发挥巨大效用后，往往会形成一个销售高峰，倘若这时候不能做好产品的供应，那么，会在短时间内出现所有销售渠道都缺货的情况，从而白白丧失营销高峰带来的最佳销售契机，导致营销投入和成果的浪费，甚至会形成营销风险。

要想避免这种情况的发生，企业就一定要充分做好市场需求预测。需求预测是一个烦琐复杂的工作，其流程主要包括三步：第一步，从数据开始——在历史需求数据的基础上，用统计模型导出需求预测的初稿（这是需求预测的定量分析部分）；第二步，由判断结束——市场、销售、产品、品牌、高层管理、最终客户提供反馈，对需求预测做出调整（这是需求预测的定性分析部分）；第三步，结合历史需求和各职能部门的意见，最终达成共识，驱动从营销到供应商的整条供应链。

需求历史中蕴含着很多丰富的信息，知往鉴今，历史需求可以为我们预测未来提供参考，但是历史需求毕竟代表着过去，我们要预测的是未知的事情，因此，我们要对未知的信息做出判断，那么，该怎么判断呢？

首先，我们要清楚由谁来做判断，判断不仅是来自销售，还包括市场、产品管理、高层管理及其他接近需求的职能。很显然，销售所主导的判断与企业主导的判断，格局是不一样的。在预测产品需求时，企业考虑的是所有客户、所有地区,但销售考虑的是自己所负责的片区的客户,而一线销售则考虑的是具体的客户。

因此作判断时,一定要把需求预测细化到适当的层面,针对特定的产品,找到合适的人群来作判断。如果判断主要集中在华南地区,就细化到华南地区;如果判断集中在某个部门,就细化到该部门。

假如我们对特定产品 A 进行需求预测,假定未来 10 周的预测是每周 1000 个,通过查看历史数据发现,有一个大客户的总需求占到了 30%,那么,每周 1000 个产品预测中,我们要为这个客户准备出 300 个产品。

当然,这只是我们的预测,因为我们不是一线的销售,没有与这个客户直接联系过,不清楚客户的具体情况,所以,为了预测准确,我们有必要与这个客户对接一线销售,进一步了解客户的具体情况。

我们要告诉一线销售给客户的预测是 300 个产品,并询问一线销售,这个预测能否满足客户的需求,可能一线销售会告诉我们,下个月这个客户要进入销售旺季,需求会拔高 5%,那么,我们就需要每周 15 个增量,也就是我们的总预测要从每周的 1000 个变成 1015 个,这就是"由判断结束"。

其次,对于由企业自己主导的判断,如新产品导入,老产品下市,以及开展促销等活动,判断层面就相应较高。假设在华北销售区域,要针对某种产品,进行需求预测,那么,企业就要找到负责华北的销售管理、产品管理、市场管理人员,他们是合适的判断者。

风险防控第54招　严控售后服务成本

近年来，随着互联网服务经济的兴起，推动了服务时代的到来。如今的用户，其需求已不单单是对某个产品的需求，他们更在意的是自己的个性化需求、良好体验需求、分享需求等是否得到了满足。正如凯文·凯利所说"一切产品都会变成服务，变成一种潮流"。

在服务经济时代，为客户提供售后服务，早已经成为一种非常普遍的商业行为。不管是生产型企业、零售型企业还是服务型企业、科研型企业，售后服务都是必不可少的，但提供售后服务无疑意味着成本的上涨。

企业如何在保证售后服务质量的基础上实现降低成本呢？

1. 远程+兼职客服

对于技术专业程度要求不高的售后服务，企业完全可以采用线上远程+兼职的用工方式来实现成本的压缩。简单来说，就是"互联网众包"模式，如今不少大的电商平台都提供线上兼职客服的岗位，一来这种灵活的用工方式可以方便诸如全职家庭主妇、大学生等空余时间较多的人群赚取一定收入；二来可以非常有效地降低企业的售后成本。

2. 售后服务+营销

企业可以将售后服务作为品牌或产品的另类营销。比如，提供油烟机清洗服务时，就可以顺便将其变成油烟机专用清洗用品的宣传，同时可以让客户充分体验到试用后的实际效果，从而将客户培养发展成为油烟机清洗用品、油烟机配件等产品的客户。售后服务＋营销的方式，尽管不能直接节省成本，但可以从整体上降低企业的营销成本，而且可以有效增加老客户的黏性，提升老客户的品牌忠诚度。

3.精细化成本控制

企业的售后服务成本，主要有两种因素构成。一是固定成本，即企业为了扩大销量、提高竞争力而采取的售后服务行动的成本。由于这类成本是企业自主决策提供的，因此相对固定，可以通过财务预算来实现有效管理和控制。二是变动成本，比如，保质期内的维修成本，企业产品质量越好，维修成本越低，对于这类无益的变动成本，可以通过提高产品质量、出厂合格率检验等实现有效控制。对于净水器免费试用安装成本，由于可以吸引客户购买，因此属于有益的变动成本，对于这类成本，企业要尽可能用较少的成本完成既定的任务。

风险防控第55招　设立营销投入警戒线

通常情况下，只要企业认为有必要，在营销上投入多少都行。但在微利时代的今天，这种没有制约的营销开支，无疑是填不满的无底洞，会大大增加企业亏损的危险系数。

一个企业的成本投入，如果没有预算作为制约，那么，企业用不了多长时间就会倒闭破产。做营销预算是很有必要的，销售部门的预算包括3个基本的预算，即销售预算、销售费用预算和销售部门管理费用预算。

（1）进行销售预测时，由营销人员分别提交销售预测，然后销售部门将这些预测结果汇总得出企业总的销售预测。

（2）销售费用水平的确定，通常采用经验法、销售百分比法、目标任务法和参照竞争对比法。

（3）销售部门管理费用主要包括工资、办公用品费、租赁费、取暖费、电费、办公室设备折旧等费用。

做营销预算就是为企业减少浪费添加一根保险丝，有了它，企业才能在营销投入上减少浪费，让每一分钱发挥最大价值。

企业发展到一定程度后，容易陷于"造名"之中，变得不务实。企业要及时意识到，广告不是万能的，必须要设立营销投入的警戒线。那么，具体来说，如何设置营销投入警戒线呢？

1. 提前预算法

企业可以根据营销预算，来确定营销的具体投入，从而将营销成本有效控制在预算之内。

在编制和执行企业的营销预算过程中，一定要处理好企业各部门间的关系，倘若预算分配到各部门的指标不合理，不仅难以让预算管理落地，还会引发部门之间的矛盾，增加企业内耗，影响企业内部的团结。

2. 投入产出比

营销投入的多少会直接影响到企业销售情况的好坏。企业可以定期测算营销的投入产出比，当其达到最高时，则可以作为营销投入的警戒线，此时如果再追加投入的话，营销所带来的效果呈现递减状态，对于企业来说，是不划算的。其计算公式为：营销的投入产出比 = 营销所获得的产出总收入 / 营销所投入的总成本。

第六章　营销风险防控：不营销，就难以有市场

风险防控第56招　杜绝虚假宣传、营销

企业开展营销活动时，绕不开宣传，抛开宣传的效果先不提，其中所潜藏的风险也不少。

如果说投入很多营销、宣传经费，却没起到什么效果，是辛辛苦苦白忙活，那么，在宣传营销中涉嫌虚假、夸大、不实等信息，则是赔了夫人又折兵。企业要想规避营销方面带来的风险，就一定要严格把控宣传的内容，切实保证宣传内容合法、合规、实事求是，只有杜绝虚假宣传、营销，才能充分保证企业避免因此而声誉受损、经济受损。

1. 认真学习相关法律

企业可以聘请熟知广告法等相关法律法规的专业人士，或组织现有的营销宣传人员开展相关法律法规的学习，通过对实际案例风险分析学习，真正提高宣传、营销人员的专业素养，此举可以提高全员营销风险意识。此外，企业还可以通过宣传、营销方案外包的方式来降低风险，由专业的广告公司来为宣传内容把关，在合作协议中明确双方的责任。需要注意的是，大型广告公司一般极少会出问题，但一些不正规的小广告公司，能否准确把关宣传用语、营销用语的尺度，还有待考察，对此企业也要多一道把关程序更放心。

2. 关注社会主流意识形态的变化

企业开展宣传、营销活动，简单来说就是通过对大众思想、意识的影

响，来达成促进产品销售的目的。大众的意识形态、观念是处于动态变化的，企业开展宣传、营销活动，一定要关注社会主流意识形态的变化，并据此设计宣传内容和方案，只有这样，才能把宣传语说到消费者的心坎里，才可能促使对方产生消费行为。

另外，尊重不同人群的行为特性也是非常重要的，这是宣传的基础和前提。很显然，在青少年群体中宣传保健品、在中年人群体中宣传各种潮牌的举动都是不合时宜的，违背群体的集体意识形态去做宣传显然是难以取得效果的，也会大大增加企业宣传营销投入的风险。

风险防控第57招　做好营销风险的识别

如果企业能够提前准确识别自身存在的营销风险，并及时采取有效的应对措施，那么，无疑可以有效掌握营销风险防控的主动权。

所谓营销风险识别，简单来说，就是在营销风险事件发生前，运用不同方法连续地、系统地进行识别，并对其潜在原因进行分析的过程。实际上，营销风险的识别并不复杂，主要包括两个环节：一是感知风险，也就是了解企业现在客观存在的营销风险有哪些，都是什么；二是对这些风险的形成原因进行深入分析。

对于企业来说，做好营销风险的识别工作是非常有益的。一方面，可以评估企业营销风险可能导致的损失大小，为控制损失决策提供有效参考；另一方面，可以更好地帮助企业制订出处理营销风险的最佳方案。

一般来说，企业的营销风险主要来自以下四个方面：一是营销环境。

企业所处的营销环境会直接影响效率，比如，在20世纪90年代，企业的营销环境比今天的互联网时代的风险更低、难度更小。因此，忽视营销环境会直接导致企业营销风险。二是财务状况。企业财务状况直接影响企业营销投入，无法保证持续性的投入，也会带来营销风险。三是组织结构。不合理的宣传营销组织结构，会影响营销决策从而形成风险。四是管理流程。营销的时机往往稍纵即逝，低效的管理流程很可能会导致企业延误最佳营销时机，从而导致风险。

那么，企业要如何识别营销风险呢？

1. 观测营销环境的重要指标

对企业所处的经济环境、自然区位、政治法律和社会文化环境，结合技术与人口的情况，进行持续性的观测和跟踪，关注这些宏观环境的变化，可以帮助企业选择最佳的营销风险预警方案；对于竞争者、供应商、营销中介、公众等微观环境尽心评估衡量，可以为企业营销风险预警提供决策依据，如图6-1所示。

图6-1 营销环境指标

2. 分析企业的营销流程图

造成企业营销风险很大的一个原因就是企业内部出现了问题，导致营销决策有偏差、有失误等，通过分析企业的营销流程图，可以快速准确地辨别整个营销过程的关键环节，找出营销流程中的风险、"瓶颈"所在。

但需要注意的是，这种方式不能揭示每一营销步骤的损失概率和损失程度，如图6-2所示。

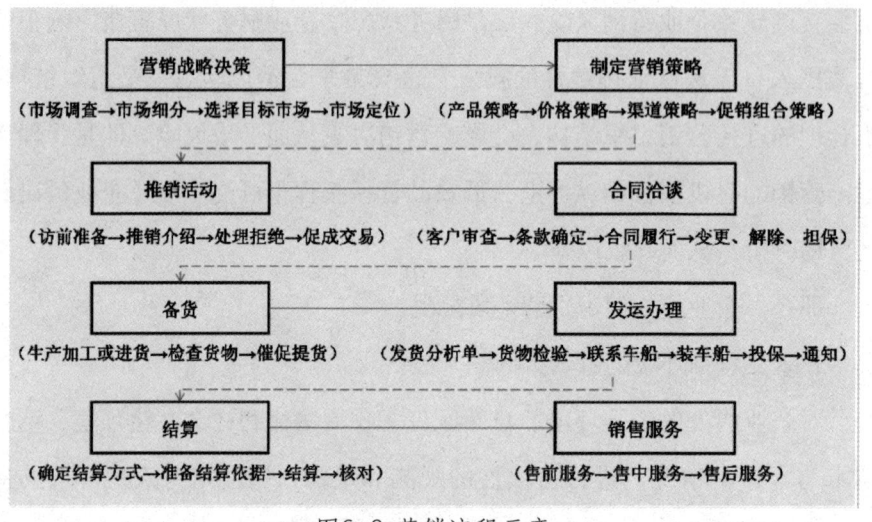

```
营销战略决策 ──────────→ 制定营销策略
(市场调查→市场细分→选择目标市场→市场定位)  (产品策略→价格策略→渠道策略→促销组合策略)

推销活动 ──────────→ 合同洽谈
(访前准备→推销介绍→处理拒绝→促成交易)  (客户审查→条款确定→合同履行→变更、解除、担保)

备货 ──────────→ 发运办理
(生产加工或进货→检查货物→催促提货)  (发货分析单→货物检验→联系车船→装车船→投保→通知)

结算 ──────────→ 销售服务
(确定结算方式→准备结算依据→结算→核对)  (售前服务→售中服务→售后服务)
```

图6-2 营销流程示意

风险防控第58招　营销风险的衡量与评价

在市场竞争越来越激烈的今天，营销成本已经成为一部分企业的重要经营成本之一，甚至超过产品的生产成本。在这种大背景下，对营销风险进行有效管理，是关系到企业生死存亡的大事，能否有效地降低营销风险，直接关系着企业的盈利情况和成本支出。

对营销风险进行科学衡量和评价，可以帮助企业通过营销风险管理把营销损失降到最低限度，充分保障企业的营销活动能够在既定的轨道平稳开展，为企业的发展提供安定的经营环境，保证企业经营目标的顺利实现。

此外，还能够促进企业营销决策更加合理化、科学化，这对于改善企业的营销效率、提升企业的营销投入产出比都具有重大价值和意义。

1. 营销风险衡量

简单来说，就是对企业特定的营销风险进行测定，从而得出风险事故发生的概率及可能带来的损失程度。营销风险衡量是建立在营销风险识别的基础上的。

通过营销风险识别方法，发现并弄清楚其产生的原因，对相关数据进行收集整理后，才能开始对营销风险进行衡量。营销风险衡量，实际上主要是对相关资料和数据的处理，以损失概率和损失程度为主要测算指标，常用的方法有经验估计法、概率分析法、VAR 风险技术等，一般需要运用概率论和数理统计方法，企业可以通过计算机技术来得出营销风险的高低。

2. 营销风险评价

只有对企业的营销风险进行了衡量之后，才能够得出对营销风险的评价。企业营销风险的衡量是客观的数据，但如何解读数据，则存在一定的主观因素，要想让营销风险评价更客观准确，企业可以选择那些更专业、更资深的人士来对其进行评价。

总的来说，营销风险评价必须要弄清楚以下三大问题：一是营销风险会给企业带来哪些损失？二是导致企业发生这些损失的风险是什么？三是一旦损失发生了，会给企业财务带来什么样的后果？

营销风险衡量＋营销风险评价，就可以形成一个科学、专业、有深度的企业营销风险评估报告，通过它，企业可以了解自身的营销风险情况，对作出营销决策、调整营销方案等具有重大的参考价值。

风险防控第59招　企业营销风险应对技术

对于企业来说,只要是开展营销活动,就免不了会出现营销风险,因此,掌握一定的营销风险应对技术是非常有必要的,可以充分做到有备无患。

那么,常用的企业营销风险应对技术都有哪些呢?

1. 控制风险应对技术

这种风险应对技术,具体有两种方式:

一种是风险回避。简单来说,就是发现营销风险后,企业不再参与导致风险发生的活动,如此一来,风险自然就不复存在,这种应对方式非常有效,但付出的代价也较大,一般不可轻易使用,只有在其他手段都无效的情况下才适合采用这种应对方法。通常,风险回避的方式有6种:剥离、禁止、终止、锁定、筛选和消除。

另一种是风险降低。这种应对方式是通过采取一定的措施或程序来降低企业的营销风险,减少营销风险事故可能带来的损失,最终达到把营销风险降低到可以承受的范围之内。通常,风险降低的方式有4种:损失预防、损失抑制、风险因子管理和多元化。

2. 财务风险应对技术

企业营销风险发生后,往往会产生连锁反应,其中一种就是财务风险。因此,掌握财务风险的应对技术,对于每一个企业来说都是至关重要的。一般来说，财务风险的应对技术有两种：

一种是风险接受。当营销风险扩大至严重影响企业财务时，这时候面对现实是没有办法中的办法，只有接受风险，正视风险，才能更好地调整企业营销战略和经营战略。所谓风险接受，简单来说，就是接受营销风险并使财务风险维持在目前的水平上，不再扩大化。通常，风险接受的应对方式包括四种：保持、调价、自保和抵消。

另一种是风险分担。倘若营销风险导致企业已经无力正常运转，那么，即便是采用风险接受的应对方式也是无济于事的。这时，采用风险分担的应对方式会更直接、更有效。所谓"风险分担"，简单来说，就是企业将风险转移给有承担风险经济实力的、独立的交易方。通常，风险分担的应对方式包括：保险、再保险、对冲、证券化、非保险风险转移。需要注意的是，风险分担的应对方式，往往需要企业让渡一部分权益，比如，质押资产、减持股份、签订对赌协议等。

风险防控第60招　做好企业营销风险应对预案

俗话说，有备才能无患。企业要想在遭遇营销风险事件时尽可能地降低损失，就要提前做好营销风险的应对预案。

那么，具体来说，企业应该怎样做呢？

1.排查隐患，及时整改

"上工治未病"，高明的人往往不会等到"病症"已经发作再想补救的办法，而是在此之前就将"健康隐患"消除了。实际上，企业的管理也是如此。要想规避营销风险，最好、最高明的办法就是在营销风险爆发之前将其消弭于无形。

企业可以定期对营销风险进行识别、衡量、评价，制定企业营销风险"健康"情况监测体系，及时排查营销活动中的隐患，并根据实际情况进行积极整改。如此一来，自然就不必再应对突然爆发出来的营销风险事件了，可谓一劳永逸。

2. 控制损失，积极挽救

任何一家企业都无法百分之百地保证不出现营销风险事件，因此，做好事件发生后的应对预案是非常有必要的。一旦营销风险事件已经发生，那么，企业要做的是快速控制损失，并积极挽救由此带来的伤害。

首先，快速对营销风险事件进行评估，厘清可能的最大损失和最大预期损失。可能的最大损失，就是指该风险事件可导致的标的最大损毁的程度，最大预期损失就是标的事件发生概率下的损失预期值。其次，以此为依据，开展推进式研讨，通过群策群力的方式来找到最合适的处置方案。

需要注意的是，营销风险事件往往会在舆论领域引起比较大的反响，因此，"及时性"是企业处置营销风险的首要原则，快速积极作出回应，可以使舆论的影响范围控制在不扩大的状态，否则，很容易演变成一场"雪球越滚越大"的更严重事件。

案例："商务通"与"名人"，过度营销导致两败俱伤

在20世纪末，"商务通"风头正劲，仅1999年就实现了销售量100万台的好成绩，超过了1998年所有品牌PDA的总销售量，市场占有率超过60%，是当之无愧的行业魁首。

2000年，"名人"向"商务通"发出了"战书"，由此，双方展开了激烈竞争，除了"刀刀见血"的价格战外，营销领域也成为双方竞争的主战场。

"商务通"在宣传影响上强调："呼机、手机、商务通，一个都不能少。"

"名人"立即跟进宣传称："呼机换了，手机换了，掌上电脑也该换了。"

"商务通"在宣传上回应"要换就换商务通606"，并打出了"商务"概念。

"名人"迅速响应开始宣传"新商务"概念，以隔离商务通的"旧商务"。

……

这场宣传营销之战，到了后期已经逐渐演变成了营销界的"军备竞赛"，并渐渐脱离了合理营销、理智营销的范畴。

很快，过度营销的恶果开始显现。短短一年之后，"商务通"和"名人"所投入的营销资金都达到了非常惊人的比例，从而使得双方似乎都已经"弹尽力竭"，更糟糕的是，双方的恶性营销竞争和恶性价格竞争，使得整个行业出现市场萎缩。

"商务通"与"名人"过度营销，最终导致了两败俱伤的"双输"结果。这一案例充分警示我们：企业在开展营销活动的过程中，一定要注意营销风险的防控，只有这样，才能提升营销的投入产出比，避免因陷入过度营销而自食恶果。

【小贴士】

在互联网诞生之前，社会主流话语权主要掌握在传统媒体手中，如电视、报纸、期刊、广播等，彼时的企业营销只需投广告、搞活动、做促销就可以取得非常不错的销售成绩，由于信息传播渠道有限，营销成本相对可控，营销风险也较低。

但随着互联网的发展和新媒体的兴起，打破了传统媒体组织的垄断式"传播权"，媒体权力被技术发展成功解构。如今每个人都是一个媒体，哪怕只是一个普通的家庭主妇，也可以通过发布一个生活小妙招或美食或手工栏目，积累上百万粉丝，从而成为某个商家的代言人、销售者，通过获得商业广告增加收入。

在"万物皆媒"的时代，企业营销面临无数个媒体，营销预算和营销效果都变得不可控，随之而来的营销风险也与日俱增。

总的来说，企业的营销成本来自两方面：一是过高的营销投入，没能取得预期的营销效果，从而导致企业出现收不抵支的经营性风险；二是营销信息或内容，违反广告法，涉嫌虚假宣传、不实宣传等导致的法律风险。企业要注意做好这两方面的营销风险防控工作。

第七章
人力风险防控：从不会缺席的人力风险

风险防控第61招　重视员工的身体与心理健康

员工是企业的基本组成单位，企业的所有经营活动，都要高度依靠每一个员工来执行和完成。这时，员工的身体与心理健康就显得非常重要了。

患有严重身体疾病的员工，不仅难以正常工作，还很可能随时会出现病发，进而给企业带来赔付方面的风险；患有心理疾病的员工，轻则会影响组织的人际关系和高效沟通，严重的话还可能引发自伤、自杀，伤害他人等事件，给企业带来安全方面的风险和隐患。要想规避由此带来的风险，企业就必须要重视员工的身体健康与心理健康。

1. 身体健康

企业应当为员工保持健康的身体状态提供一定的条件，比如，设定一段"茶歇"时间，方便员工在工作劳累时稍作休息，为员工提供适当的运动场地、健身器材，方便其开展体育活动，还可以组织运动类的集体活动，形成全员热爱运动、关注健康的良好人文氛围。此外，有条件的企业最好定期为员工提供体检，尤其是一些接触有毒有害物质或者登高下海等特殊工种，尤其要关注其职业健康状态，当员工的健康状态不适合从事该岗位的工作时，要及时调岗、转岗，以免造成更严重的后果。

2. 心理健康

每个员工都有很多需要忧虑的事情，巨大的心理压力使得他们的工作效率也会随之降低。如果企业管理者没能充分考虑到员工的心理负担，只是一味地督促对方努力工作，显然是起不到多大实际效果的。

企业管理者要想提高员工的工作效率，就要让他们轻装上阵，只有帮助员工解决掉那些令他们忧虑的问题，才能让他们心无旁骛地专心工作。

在所有投资中，通过回报率可以发现，感情投资的花费最少，但其回报率却是最高的。企业要增加对员工的感情投资，包括员工的工作、生活、情绪、心情，力所能及地帮助他们解决一些私人问题，这不仅能让他们从沉重的心理负担下解脱出来，还能让他们心生感激，从而更加忠心地为企业效力。

此外，有条件的企业可以设立减压发泄室、心理健康辅导室等帮助员工保持较好的心理健康状态，定期举办心理健康讲座也是不错的选择。

风险防控第62招　做好文化建设与人文关怀

文化氛围、工作氛围是一个看不见、摸不到的东西，但我们可以确定的是，良好的文化氛围、工作氛围可以大大提升员工的工作效率；糟糕的文化氛围，不仅会降低员工的工作效率与创造力，还会加剧组织内部的沟通成本和离职率。企业只有做好文化建设与人文关怀，才能将人力风险控制在较低水平，如图7-1所示。

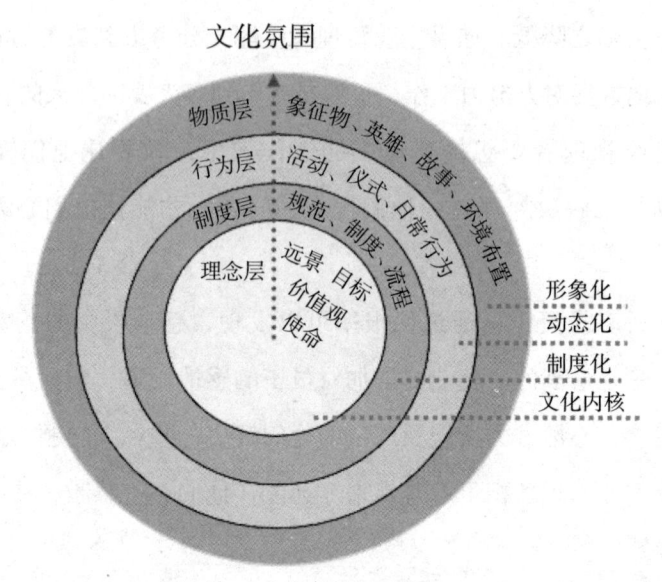

图7-1 文化氛围示意

由于文化氛围是看不见、摸不到的东西，要想打造出良好的、可以提升员工向心力的氛围，就一定要深入理解文化氛围的构成要素。

文化氛围对员工的影响主要可以分为4层，由外而内分别是：物质层、行为层、制度层、理念层。从员工角度来讲，他们对企业文化的接受是从物质层开始的，随着认识的不断深入，才会发展到行为层，最终到达理念层。从企业角度来说，随着员工对企业文化接受层次的不断深入，其向心力和凝聚力也在不断深化。

1. 物质层

物质层是一个形象化的层面，象征物、英雄故事、环境布置等都属于这一层面。比如，京东狗吉祥物、美团袋鼠耳朵头盔、华为海外创业故事等都属于物质层面。企业可以通过打造企业LOGO、旗帜、吉祥物、统一员工制服、有特色的办公环境布置等来构建员工对企业的形象化认知，为文化氛围、工作氛围的构建打下基础。

2. 行为层

行为层是一个动态化的层面，企业开展的活动、举办的仪式、日常行为等都属于这一层面。比如，很多企业都会举办年会、素质拓展、集体出游、员工生日会、定期读书分享会、企业成立××周年庆祝会等，这些都属于行为层面。企业可以通过策划集体活动、仪式等方式，对员工形成影响，从而促使其良好文化氛围的形成。

3. 制度层

制度层主要包括规范、制度、流程等。这也是文化氛围的重要组成部分，一个良好的工作氛围，与其管理制度是密切相关的。

4. 理念层

理念层是企业文化氛围的内核，包括企业的发展愿景、目标、价值观、使命等。没有一个明确、稳固的文化内核，企业就不可能形成稳定的文化，文化氛围、工作氛围也就成了无源之水。从企业层面来说，打造文化氛围的第一步就是要明确企业的文化内核，这是前提，也是基础。

总的来说，企业良好文化氛围的打造，从来不是孤立的，也不是宣讲一下企业愿景、发展目标等就可以搞定的事，而是要从物质层、行为层、制度层和理念层4个层面共同发力，才能够达成理想效果。

风险防控第63招　遵守劳动法，防范用工风险

漠视劳动法，必然会给企业带来用工方面的风险，如今，越来越多的劳动者都提高了自己的权益保护意识，只要是被企业侵犯合法权益，就

会积极主动寻求劳动仲裁、起诉等方式维护自己的合法权益。对于企业来说，不遵守劳动法的风险变得越来越大。

在实际经营活动中，尤其是一些中小企业，由于本身规模小、盈利能力有限，加之有些领导者缺乏法律常识，更容易出现违反劳动法的用工风险。

一般来说，企业中涉及劳动法的常见用工风险主要有：

1. 无偿加班

不少企业在业务繁忙时，会要求员工加班，但要求员工长期无偿加班的行为是违反劳动法的，必然会带来用工风险。因此，企业在业务繁忙、人员紧张时，一定要进行合理处置，可以通过给付加班费、招聘临时兼职人员、外包部分业务等多种方式来防范由此带来的用工风险。

2. 解雇要有法定理由

没有法定、合理的理由解雇员工，企业需要依法给解雇员工进行赔偿。对此，企业千万不要有侥幸心理，认为员工大概率不会去劳动仲裁申诉就无理由无赔偿解雇，这必然会带来用工风险，如频繁发生的话，还会影响到企业在招聘市场的口碑，带来声誉受损、招聘困难等不良后果。企业解雇员工，一定要先进行深度分析和评估，明确解雇员工的理由在法律上能否站得住脚，再进行依法解雇。

3. 签订劳动合同

用人单位不签订劳动合同属于违法行为。《中华人民共和国劳动合同法》中明确规定：用人单位自用工之日起超过一个月不满一年未与劳动者订立书面劳动合同的，应当向劳动者每月支付二倍的工资。因此，企业一定要与存在雇佣关系的劳动者签订劳动合同。在实际经营活动中，一些企业在比较基础的岗位级别中，往往存在签订劳动合同不及时、不规范的风险；

还有一些人员流动性比较大的企业，常常会为了"省事"等原因，待人员工作时间长一些之后再签订劳动合同，这也会存在用工风险的问题。

风险防控第64招　建立人力资源风险评估体系

在企业的实际经营活动中，人力资源风险往往是最不受重视的风险，往往只有在发生了企业被解雇员工起诉、严重内部腐败等问题时，才会手忙脚乱地进行处置，处置后企业在管理和制度上也并没有做出相应改变，从而使得人力资源风险长期存在，且得不到有效的管控和预防。

建立人力资源风险评估体系，是控制和降低企业人力资源风险的有效方法。一般来说，人力资源风险评估体系的组成主要有：

1. 信息收集

企业需要建立全体员工信息收集系统，可以借助互联网、计算机、大数据等工具形成动态的全体员工情况表，内容应包括：员工总数、姓名、性别、年龄、入职时间、岗位、绩效、奖惩情况、工作状态、家庭情况、掌握技能、未来预期职位发展路径、性格等。

人力风险的判断必须要基于足够准确的信息，企业不能仅凭领导者个人的主观评价等来判断人力资源风险。总的来说，信息收集工作做得越细致、越全面，以此为基础的风险评估结果也就会越准确。

2. 专业分析

对收集到的全体员工信息进行定期专业性分析，就可以形成企业人力资源风险评估报告。分析人员专业水平的高低，直接影响着风险评估报告的结果，因此，企业要选择足够专业的人士来承担此项工作。如果是员工数量比较少的小企业，没有专业水平较好的人力资源人员，那么，不妨从市场上聘请专业的人力资源专家做顾问来进行专业分析。

3. 及时整改

当企业拿到专业的人力资源风险评估报告后，自身所存在的人力资源风险情况也就十分清楚明了了，接下来，就是有针对性地进行"拆弹"以便降低风险的工作。需要注意的问题有两个：一是降低风险方法和策略的选择，企业可以在专业分析人员的建议基础上形成合理有效的方法和策略；二是执行，再好的整改方案，倘若无法执行下去，那么一切都等于零。企业要认真对待人力资源风险问题，并明确具体的执行负责人，一级一级地把降低风险的任务落实下去，且要定期检查整改结果，只有这样，才能真正使得有效的方法和策略执行到位，真正发挥出作用。

风险防控第65招　做好企业人员流失预警管理

企业人员流失是一件很正常的事情，俗话说"铁打的营盘，流水的兵"，说的就是这种现象。人员的流动，可以使得企业一直保持旺盛的活力，对于企业的长期发展来说是一件好事，但人员的过度流失则不然，轻者会影响企业正常的运营活动，严重的话，很可能会导致整个企业的崩盘。

核心技术团队集体跳槽、生产人员严重不足、塌方式的整个项目人员集体出走……这都是企业不愿意看到的风险事件，会给企业带来"伤筋动骨"的严重影响。因此，企业要做好人员流失预警管理。

1. 设定企业运转人员梯度线

企业可以根据员工的数量、业务实际情况等，设定出维持正常运转人员梯度线，即若要维持企业的正常运转，需要多少员工，一旦低于这个数值，就难以通过增加在职人员工作时间的方法进行有效调整，必须收缩一定的业务线或外包一部分业务；设定出企业勉强运转人员梯度线，即维持企业勉强运转，需要多少员工，一旦低于这个数值，企业就难以再运转，一部分经营活动的运转会受到较大影响；设定企业最低频运转人员梯度线，即低于这个数值，企业就彻底无法运作。

这三条警戒线，可以帮助企业充分判断企业员工人数所处的周期，从而为降低人员流失、增加人员招聘等提供决策依据。

2. 定期了解市场上的薪资水平

人力资源市场也是一个呈动态变化的市场，随着供求关系的变化，不同岗位的人员薪资水平也处于变化之中。企业要定期了解市场上的薪资水平，并根据实际情况进行适当的调整，只有这样，才能减少人员流失风险。

企业可以根据市场上的薪资水平与内部执行的薪资水平进行对比，从而设定出预警管理系统。比如，内部薪资低于市场水平10%为一般风险，低于20%为严重风险，低于30%以上则为非常严重风险。需要注意的是，在设定预警管理线时，还要结合人才市场的紧缺程度，对于更紧缺的人才，风险水平会比普通人才和岗位更高。

这种做法可以有效帮助企业通过及时调整薪资水平大幅减少人员流失的风险，从而将企业人力资源风险控制在较低水平。

风险防控第66招　预控跨国人力资源风险

随着中国企业"走出去""引进来",跨国人力资源工作也成为不少企业绕不开的事务。不管是聘用国外的人员,还是将本国员工派驻海外,抑或是在国外项目招聘当地的人员,都要比在国内设立企业招聘本国人更为复杂,也更容易出现风险。

因此,涉及此类人力资源情况的企业,要想降低人力资源风险,就一定要预控跨国人员资源风险。那么,跨国人力资源,主要存在哪些风险点呢?

1. 非法招聘外国人

企业聘用外国人,并不是签订劳动合同就完事,而是需要填写聘用外国人申请,向其劳动行政主管部门提出申请,并提交聘用外国人的原因、聘用意向书、聘用外国人履历、外国人从事该项工作的资格证明、聘用人健康状况等一系列文件。顺利经过劳动行政主管的审批后,才能最终聘用外国人。没有依法办理相关聘用手续的,都属于非法招聘外国人,企业也因此要承受一定的法律风险。

在聘用外国人时,千万不要为了省事而存在侥幸心理,一部分在本国有过违法犯罪、信用问题、道德败坏等问题的人,往往会通过跨国"打黑工"的方式来重新开始,稍不留神很可能会成为他们的挡箭牌,让企业成为藏污纳垢之地,从而影响企业的声誉。

如果是中国企业的驻海外分公司、项目部等，招聘所在地的外籍员工，则需要遵循所在地政府的相关法律，依照当地法律规定招聘员工。

2.定期做好跨国人员的证件签注

不管是中国人在海外工作，还是外国人在中国工作，都需要持有在有效期内的签证，签证过期就属于非法滞留了，属于违法行为，会导致一系列严重后果，比如，被遣返、永久驱逐出境等。因此，涉及跨国人力资源的企业，一定要督促员工做好证件的签注，对于签证过期却不进行签注的员工要进行妥善处理，以免给企业带来相关风险。

不同国家对于持不同签证的人员，能否工作也是有要求的。比如，旅游签证往往不能用于长期工作，企业在登记跨国人员的签证信息时，除了关注签证的时限外，还要特别注意签证的种类，来规避违法用工风险。

总的来说，对于不少企业来说，跨国人力资源管理是一个新事务，专业的事就要交给专业的人去做，因此，要想有效预控跨国人力资源风险，最好还是向那些有跨国人力资源相关经验的专业人力资源人士寻求帮助。

风险防控第67招　做好人力资源过剩的应对

当企业人力资源过剩时，对现有组织成员进行优化、解雇是最有效、最常用的办法，也是企业不得不为之的自保行为。毕竟过剩的人力资源就意味着更多的成本、更低的企业竞争力，但解雇员工也要讲究一定的技巧。

企业在决定将某些员工"炒鱿鱼"之前,应该认真冷静地进行分析:

1. 确认员工是否已经达到了该解雇的条件

比如,该员工过去的工作业绩如何?有足够的辞退证据或理由吗?是否还想给他改进的机会?以前遇到过类似的员工吗?那时候是怎么处理的?如果解雇,是不是还需要征询别人的意见?只有解雇理由充分,才可以对他进行解雇。

2. 选择一个合适的解雇方式

选择什么样的解雇方式,对解雇的效果非常重要。中国人都是爱面子的,甚至有的人把面子看得比生命还重要,如果直接解聘,自尊心严重受伤的员工,情绪激动之下很可能会做出不理智行为,损害企业的利益。劝说对方主动提出辞呈、帮助员工找到合适的下一份工作、依法给予解除劳动合同的赔偿金等都是比较常见的解雇方式,企业可以根据实际情况来选择合适的解雇方式。

3. 要选择有利的解雇时机

解雇员工的关键问题是选择好对企业有利的时机。无论从事的是什么行业,如果某个员工掌握了一定的客户,或企业的某项业务,在做好替代他的准备工作之前,不要解雇他。有时会等上几天甚至更长的时间,以便最大限度地减少解雇他而给企业带来的影响。但是耐心是要有回报的,在解雇员工时选择好时机,意味着必须能控制住局面,减少给企业带来的危害。

4. 辞退要速战速决

辞退员工一定要尽快解决,拖的时间越长,后果就会越糟糕。例如,企业获悉员工准备离开,同时企图带走所有他能染指的东西——客户、档案、机密消息。这时,不动声色地安排他外出,当他不在时,清理掉他的办公室，等他一回来，就宣布辞退。这样的做法虽然看起来冷酷无情，但也许是唯一能尽快结束这件事的方法。

5.要做好善后工作

即便是人力资源过剩，辞退员工也会给企业造成一定的影响，因此一定要做好善后工作。此外，还要注意妥善处理被辞退员工到劳动仲裁等部门的申诉。

风险防控第68招　处理人力资源短缺有预案

企业内的人员流动现象是正常的，但当企业人力资源短缺时，就需要采取一些积极灵活的紧急应对措施加以特殊对待，以求得有辞职打算的员工能够回心转意，撤销辞呈。

1.快速反应

任何漫不经心的迟疑和怠慢都会使递交辞呈的员工心灰意冷，辞职的决心更强烈。对于递交辞呈的员工，有一点是企业管理者所必须注意的，那就是要立即中止手头上的日常工作，毕竟员工才是企业最大的财富。先不要问为什么，而是要诚恳地表达他们对于企业的重要性和企业对他们的重视，这也许会改变辞职员工的初衷，弱化他们离职的信念。

2.制订应对方案

通过与员工交流得到第一手资料之后，管理者应立即组织相关决策人员探讨解决问题的途径。

员工辞职的原因可能有很多，但概括起来无非有两类：一类是由企业本身的因素造成的，如企业的工作环境、待遇、人际关系、工作节奏、企业或个人的发展前景和机会等；另一类是由非企业因素造成的，这往往属于员工自身的原因，如搬迁后离企业太远、不能更好地照顾子女和配偶或对本职工作感到力不从心希望继续求学充电等。企业管理者可以通过与员工交流获得第一手资料，然后根据员工辞职的具体原因，分别制订不同的应对方案，比如，提高企业凝聚力，力所能及地帮助员工解决个人困难等。

3. 实施应对方案

应对方案一旦制订，必须快速予以实施，这样做有两方面的好处：一方面它可以向辞职的员工传达一种信号，即他们对企业来说是很重要的，企业对他们的辞呈并非无动于衷，且已采取了措施希望他们能留下来；另一方面，通过应对方案的快速实施，企业可以为挽留辞职员工争取到更多的时间和机会。

应对方案的实施必须"兵分三路"：一部分人负责改善影响员工辞职的企业因素，如提高待遇、改善人际关系或为员工设计更合适的职业生涯等；另一部分人负责做好辞职员工的亲善工作，以"亲善大使"的身份与员工沟通，通过私人关系劝导员工不要草率地决定，同时做好员工亲人家属的游说工作；再有一部分人专门负责赶走挖墙脚企业。

第七章　人力风险防控：从不会缺席的人力风险

风险防控第69招　有效防范人员招聘中的风险

对于企业来说，招聘是补充组织成员、吸纳新鲜血液的最重要工作之一。尽管相对于解雇来说，招聘员工存在的风险较小，但并不是说没有风险，有效防范人员招聘中的风险，对于做好企业人力风险防控工作，是非常有价值的。

一般来说，企业在进行招聘活动中，常见的风险有：在招聘广告中使用法律禁止的不当信息，招聘应届毕业生可能会徒劳无功、高薪引进高级人才难以达成预期、聘用员工存在资信风险等。

要想有效防范人员招聘中的风险，具体需要做好以下两方面的工作：

1. 保证招聘广告内容的合法

"本工作仅限男性""身高不低于160厘米""应聘人员居住在××地区除外"等，这些看似"正常"的招聘信息，实际上都隐藏着风险。因为就业歧视性广告在我国属于违法行为，所以在招聘广告中，不得出现性别歧视、年龄歧视、学历歧视、工作经验歧视、外貌歧视、户籍歧视、地域歧视、肢体残疾歧视、乙肝病毒携带歧视等。这就要求企业在拟定招聘信息时，要注意千万不能触碰到红线，以免给企业带来风险。正确的做法是，充分、详细地写明招聘岗位的工作内容，以及所需的技能等。

2. 面试过程做到不违法

如今，不少企业为了降低招聘风险，往往会在面试过程中，要求岗位候选人提供征信信息、银行流水，个别大企业还会对候选人进行背景调查。在面试的过程中，企业要求提供征信报告、银行流水要征得对方同意，进行背景调查要取得当事人授权，在做背景调查时，尊重当事人的知情权，不涉及当事人的个人隐私、尚未离职的企业等，并对背景调查的信息保密。如此一来，面试中的风险就可以得到充分有效的控制。

3.尽可能降低无效招聘

企业招聘也是有成本的，无效的招聘不仅会造成成本的浪费，还可能出现员工监守自盗、财务人员侵吞公款等情况，导致更大的损失。降低无效招聘可以有效地降低企业人力风险，一是要重点考察员工的品行；二是要重点考察员工的能力，给新员工定了高出其能力的薪资，对于企业来说是不划算的；三是通过培训、教育等提升员工专业技能水平。

风险防控第70招　制定员工关系风险管控体系

在企业当中，员工关系往往是错综复杂的，A与B不对付，C与D吵了一架等诸如此类的事情，看似很正常，殊不知，员工关系也是构成企业人力风险的重要因素。要想避免因员工关系导致企业过度内耗，制定员工关系风险管控体系就显得非常有必要了。

员工关系风险，往往是从员工之间的矛盾逐渐发展而来的，只要企业管理者能够及时正确地处理员工矛盾，那么，员工关系风险自然会消弭于无形之中。

具体来说，处理员工矛盾的原则如下：

1. 施加压力，限期改正

既然调解矛盾的根本目的是使员工能解开心结，积极一致地为企业的发展而奋斗。因此，当矛盾已经给工作造成较大损失，在多次启发诱导、耐心教育的基础上，可以适当地采取一定的行政手段和组织措施，对员工施加一定的压力，让他们在一定的期限内，改正各自的缺点、毛病和错误做法，进而解决他们之间的纠纷。施加压力，限期改正的具体途径主要有三点：第一，集体帮助；第二，责令检查；第三，公开批评。

2. 单刀直入，当场解决

如果矛盾不能当时解决，只能是越积越深，最后会增加许多不必要的困难。因此，当面对不太复杂的矛盾时，在深入细致地调查研究的基础上，最好把矛盾的双方召集在一起，把矛盾公开，当场把处理意见拿出来，让矛盾双方遵照执行。单刀直入，当场解决纠纷，要特别注意三个问题：第一，事实真相必须准确无误，使矛盾双方心服口服；第二，事先要做好矛盾双方的思想工作，使他们都抱着解决纠纷、增强团结、多做自我批评、主动承担责任的态度来参加调解；第三，领导的处理意见要入情入理，客观公正。

3. 及时修订规章制度，灵活处理

规则是死的，而人是活的。因此，当员工之间因为制度或规则的不完善而引发矛盾时，要认真总结，及时地对规则进行修订，而且在处理矛盾时不可太墨守成规，死搬教条。

4. 兼听而不可偏信

"兼听则明，偏信则暗。"在处理员工之间的矛盾时要"兼听"而不可"偏信"，虽然他们有可能"公说公有理，婆说婆有理"，但从总体上经过分析比较，总能得到比较接近事实的真相。

案例：员工帮助计划，带来的惊人收益

20世纪二三十年代，美国的一些企业发现，员工酗酒会影响其个人和企业的绩效，当时大众对酒精依赖已经有了比较科学的认识，认为酒精依赖不是精神或道德问题，而是一种疾病，一些企业会聘请专家帮助员工解决酗酒的问题，这就是员工帮助计划的雏形。

员工帮助计划，可以给企业带来非常惊人的收益，这些收益主要体现在非财务方面，比如，可以提高留职率、提升员工士气，改善企业内部的工作气氛，有助于形成尊重员工价值、关心员工个人困境的企业文化；可以让企业所有成员在潜移默化中形成注重解决问题和学习、发展的氛围；能够使得企业更游刃有余地应对业务重组、并购、裁员等变革……

美国联合航空公司估计在员工帮助计划上1美元的投入能够得到16.95美元的回报。美国通用汽车公司的员工帮助计划每年为公司节约3700万美元的开支，其中1万名加入该项计划的员工平均每人节约3700美元。根据美国联邦政府卫生和人事服务部实施的员工咨询服务计划的成本效益分析显示，员工咨询服务计划的回报率为29%。

由于员工帮助计划的惊人收益，加之社会进步、企业壮大、管理思想进步，20世纪80年来以来，员工帮助计划在英国、加拿大、澳大利亚等发达国家的企业中被广泛应用。根据有关数据统计，在目前的世界企业500强中，超过80%的企业建立了员工帮助计划，在美国有将近25%的企业员工享受员工帮助计划服务。

企业是由一个个人组成的，要做好人力资源风险的防控，就要把员工的身体健康、心理健康工作做好。员工帮助计划，用无数实践告诉我们：企业必须尊重员工、重视员工，并定期给予人文关怀，充分保障其身体健康和心理健康，加强企业文化建设，让每一个员工都心有所属、行有所向，只有这样，才能真正有效提升人力效率。

【小贴士】

企业是市场经济的主体，也是由多个自然人构成的组织。作为组织，企业所有的活动都要依托其组织成员来完成。

21世纪，企业与企业之间的竞争，归根结底是人才与人才之间的竞争。在现代经济社会，人才是流动的，这就使得企业一定会面临来自人力资源方面的风险。

总的来说，企业的人力资源风险主要来自两方面：一是用工是否合法，企业应以《中华人民共和国劳动法》和《中华人民共和国劳动合同法》为依据，规范员工的招聘、劳动合同签订等行为，切实有效保证用工合法，降低人力资源风险；二是人力资源短缺或冗余产生的风险。其中人力资源短缺会严重影响企业的正常运转，人力资源冗余又会造成企业不必要的成本开支，都会给企业带来经营方面的风险，因此，做好相关工作的预案就显得非常重要了。

此外，随着经济全球化、中国企业走出国门、国外人才的引进等，一部分企业会涉及跨国用工等情况，对于这类特殊情况，更要严格遵守国家规定，做到规范用工、合规用工。

第八章
创新风险防控：拒绝创新等于慢性自杀

风险防控第71招　做好企业创新危机的征兆识别

随着知识经济时代的到来，以创新谋求发展已成为当今企业发展的必由之路，创新就像一枚硬币，正面是高收益，反面则是高风险，企业要想有效规避创新危机，就一定要学会识别其征兆，做好企业创新的管理工作。

经营企业如同逆水行舟，不进则退。在竞争日趋激烈的市场环境下，创新是赢得市场的最有力武器之一。技术落后，产品老化将直接导致企业在竞争中的失败。而忽视市场需求，盲目创新，同样有可能将企业带入危机的深渊。

及时发现危机的征兆，是将创新危机消灭在萌芽中的前提条件。正如中医"望、闻、问、切"的看病方式，企业实际上也可以通过一定的方式和技巧来识别创新危机的征兆，这对于企业规避创新风险、及时调整创新策略、避免因创新而元气大伤是非常有现实意义的。

当企业出现下列现象的时候，作为企业管理者就应该判断是否面临创新危机：

1. 产品由畅销转为滞销

从技术与产品的生命周期理论的角度来看，如果企业的产品销售始终势头良好，说明该产品已经进入了成熟期。在这一时期，市场上的仿制品会大量涌现，新技术正在酝酿和开发阶段。一旦新技术和新产品推向市场，旧产品就进入了衰退期，产品销售开始萎缩，库存增加。因此，在企业出现这种症状的时候，应该对市场进行调查，如果市场上已经有新的技术和产品出现，那么，就证明企业的技术和产品已经需要进一步创新了。

2. 产品成本同比居高不下

在市场竞争中，要降低成本，最重要的就是要进行技术创新。在市场经济条件下，受价值规律的支配，各个企业都会努力改进技术，提高劳动生产率，以便降低自己产品的平均成本。因此，如果一个企业发现自己的产品售价高于其他同类、同质的产品，而且成本居高不下，已经没有降价空间的话，就说明该企业应该加强内部的技术创新，通过改进技术，来降低成本。否则，总有一天会发现自己的产品不论是在价格上，还是在质量上都已经没有竞争力了。

3. 产品功能难以满足顾客要求

企业的生产，必须以满足顾客的需求为根本要求。能够满足客户需要的产品就是好产品，就需要不断对其改进和创新。但是，顾客的需要是多变和多元化的。企业必须不断地去了解客户的需要，以便随时对自己的产品和技术进行调整。在市场上，唯一不变的定律就是企业必须一直在变。变化，是适应客户需要的手段，也是企业获得竞争优势的途径。如果企业的产品已经不能适应顾客变化的需要，那就说明技术与产品创新已经是迫在眉睫的事情了。

4. 产品设计不符合社会潮流

人类文明和社会发展的潮流对于企业的产品也提出了一些新的要求，企业的产品必须能够适应这种潮流和要求，因为"顺之则昌，逆之则亡"。现在的工业产品逐渐向轻、薄、短、小的趋势发展，而长、大、厚、重的产品越来越得不到市场的青睐。进入 21 世纪以来，人类社会越来越注重健康和环保，拥有绿色、环保、健康概念的产品成为发展的潮流。如果有企业还是沿用旧有的观念，则必将被社会和市场所抛弃。

风险防控第72招　创新风险防控之充分市场调研

不能满足客户需求的创新，是难以产生商业价值的。不少企业投入大笔资金进行创新，结果产品出来后，消费者和市场并不买账，导致巨额的创新投入化为泡影。实际上，这种现象很大程度上是由于市场调研不充分、不到位导致的。

俗话说："磨刀不误砍柴工。"在创新投入之前，企业一定要对市场、目标用户进行详细、充分、多角度的调研，这是降低创新投入风险的重要手段。

市场调研是一种把消费者、公共部门和市场联系起来的特定活动，其调查结果呈现出来的各种信息可以用来识别和确定创新投入的机会和方向，可以为企业开展创新活动提供重要的参考信息。

一般来说，市场调研流程主要有6个步骤：

（1）明确市场调研的具体目标。市场调研的具体目标不是拍脑袋产生的，也不是哪一个创新高手预测出来的，而是根据企业的实际情况和创新倾向产生的。首先，要对企业的整个情况进行汇总、分析，梳理出可用于创新投入的资金、人力、成本等，以及预期的创新收益，初步的创新方向是什么。其次，要对整个行业的创新情况有所了解，知晓行业的龙头企业在做哪些方面的创新和投入情况等，在综合各方面的信息之后，再找出企业急需创新的"点",并以此为依据确定开展市场调研的具体目标。

(2)确定市场调研的设计方案。市场调研的方式是多种多样的,既可以线下采访,也可以线上填写调查问卷;既有电话调研,也有抽样调研……市场调研的周期有长有短,短到线上某个时间段的点击量,长到连续几年;此外,调研范围既有小范围的某个街道,也可以是某个城市、地区或全国,甚至是全世界范围内的同行业。企业可以根据实际情况,确定适合自身的市场调研方案。

(3)确定信息的类型和来源。简单来说,就是确定市场调研的信息和人群范围。市场调研信息的确定是一个系统性的工程,我们在确定信息的类型和具体项目时,一定要紧紧围绕着市场调研目标来设计,只有这样,才能设计出最佳的市场调研问卷。

(4)市场调研一般都是抽样调研,因此,我们要提前确定好抽样方案以及样本容量。从实际角度来说,我们不可能对所有潜在用户都进行详细的市场调研,这时从中选出最具代表性或最有威胁性的群体或样本作为市场调研对象是最优解。

(5)收集资料并分析资料。收集资料是一个事关调研结果准确度的关键过程,因此,在收集资料的过程中,要保证信息的准确性、客观性,尽量减少无效问卷。资料收集完毕后,对资料进行汇总统计是一个大工程,我们可以运用大数据等现代化技术手段进行统计和计算,得出汇总结果,并对其进行分析。

(6)撰写调研报告。市场调研结果看似只是一组组各种各样的数据,实际上这些数据中却包含着无数宝贵的信息,最后要由行业资深人员或专业人士对数据进行分析,把分析结果形成调研报告的形式。

风险防控第73招　创新风险防控之用户体验为先

企业的创新风险，大多来自用户不买单。投入巨额资金，团队绞尽脑汁进行创新，辛辛苦苦好不容易做出来的产品，却没有市场，如此一来，所有的创新投入就都打了水漂，其风险不可谓不大。企业在创新的过程中，积极开展用户体验活动，是防控创新风险的一个有效办法。

1. 开放创新参与节点

所谓开放创新参与节点，就是企业要向外公开自己进行产品创新的过程。很多企业其实不是很愿意开放创新节点，因为这会使同行们从中窥得企业的创新方向，会被其他企业跟风、模仿，一旦创新的速度低于后来的同行，其所带来的风险会非常巨大。但只要有企业愿意做到这点，那么，就很容易取得用户信任，赢得用户口碑。

小米就是开放创新节点的典型企业，它设计了互联网开发模式，让自己的MIUI开发团队在论坛上和用户直接互动，听取用户意见，进行软件的更新与改良。之前小米还向用户开放了自己的程序，如果用户懂得编程，甚至可以通过自己写程序来得到属于自己的个性化MIUI系统，真是极其大胆的举措。

在小米看来，他们与用户之间已经不再是单纯的客户关系，而是朋友关系，这种极高的用户参与感也是小米能吸引如此多忠实用户的秘诀。

2.创新产品提前体验

在创新产品大规模推向市场之前,企业可以通过不同阶段、多期开展用户体验活动来预测该产品的市场,可以及时发现不足之处,对其进行改进。

创新产品的提前体验活动,实际上也是和潜在用户的一种互动,目的是维护和发展企业与用户之间的友好关系。因此,在设计互动方式的时候,必须从用户的角度出发,尽量简单有趣,这样才能最大限度地吸引用户积极参与。如果互动方式过于麻烦,就可能会丧失相当一部分用户,也无法取得足够好的互动效果。

这类活动不仅可以帮助企业更好地打磨创新产品,还能对创新产品提前进行宣传,大大提升了创新产品的知名度和认同感。

风险防控第74招　创新风险防控之少投入多产出

在市场越来越成熟、竞争越来越激烈的时代背景下,"创新"已经成为一种战略资源。谁的创新能力强,谁就能在变革迅速的市场中适应新环境,并吸引消费者的眼球,取得成功。创新是企业成长的密码,但同时也会给企业带来更多风险。

创新的最大风险在于投入多而产出少,甚至是没有产出,因此,有效控制投入、尽可能增加创新产出,是降低创新风险的有效办法。

1.创新投入比率的运用

企业可以通过创新投入比率来科学评估创新活动的风险。创新投入比率，是指企业本年度的创新支出（包括用于创新产品开发、技术创新、科技创新等方面的支出）与本年度营业收入的比率，其计算公式为：创新投入比率＝本年度创新支出/本年度营业收入。一般来说，企业的创新投入比率越高，说明企业的发展潜力越大，同样也意味着企业的创新风险越大。

不同的企业风险承受能力不同，所面临的创新急迫程度也不同，因此千万不要机械地认为创新投入比率高就是风险很大，这种认知是非常片面的，要结合企业的实际情况、风险承受能力、未来发展战略、行业内的创新紧迫程度等方面，进行综合性的、有针对性的评估，才能找到最适合自己的创新投入比率。

2. 创新人员的绩效评估要合理

创新有风险，但正是因为有风险，所以，企业要做好承担风险的准备，而不是将这种风险转嫁到创新人员身上。

对于创新人员，不能以时间为唯一参考标准，要综合考察创新人员的贡献度，以此来推动创新项目的推进和完善。

创新带来的财富主要是由知识、管理产生的，仅有优秀的创新人才，没有科学高效的组织管理体系也是不能形成创新生产力的。创新项目的组织结构要适时地进行改革，不能总是一成不变。要强调潜力的增长，交替运用考核标准，只有这样，才能更好地激发创新人员的工作积极性，从而实现变相降低创新成本的目的。

风险防控第75招　创新风险防控之速度越快越好

众所周知，资金周转率是衡量企业经营效率的重要指标。当资金周转率越高时，企业的盈利能力越强、成本越低、风险也越低。企业创新需要投入大量的资金，如果能够有效提高创新资金周转率，那么，无疑能够大大降低创新风险。

1. 加快创新速度

创新从投入到产出需要经历一个过程，这个过程用的时间越短，创新资金的周转率就会越高，相应的风险也会降低。此外，今天企业与企业之间的竞争早已经成为创新与创新之间的竞争，同一个创新方向，可能同时会有多个企业在同步攻关，在这种情况下，谁能更快地完成创新、更快地推出创新产品，谁就能够占据市场优势，形成更强劲的竞争力。从这个角度来说，加快创新速度也能有效降低创新风险。

从某种角度来说，创新和拍电影有一定的相似之处，即每一天都要耗费大量的金钱，每浪费一天就意味着白白浪费了无数成本，因此"赶工""赶进度"是非常有必要的。从投入到产出，中间过程时间越短，所花费的成本就越低，尽可能加快速度及缩短时间，是降低成本的最直接最有效的方式之一。

2. 创新产品越早上市越好

市场一直都处在动态变化之中，大众的需求也在不断迭代升级，企业创新的过程越漫长，就越容易脱离市场，越难以抓住大众的需求，从而带来更多"未知"的风险。因此，企业的创新产品越早上市越好，在创新之前以及创新过程中，企业会进行市场调研和对潜在用户进行深入了解，倘若创新产品迟迟出不来，时过境迁，前边所做的各种调研，其结果就失去了参考价值，以此为依据作出的决策必将产生较大偏差，如果重新再进行调研，又会造成成本支出上的重复和浪费。因此，最好、最有效率、最没有风险的做法就是缩短从投入创新到创新产品上市的时间。

总的来说，加快创新速度常见的方法有：大批招聘创新人员，搭建人数更多的创新团队；与其他企业或科研机构进行合作创新；企业领导人带头苦干"攻关"，创新全员加班加点也能起到加快创新速度的效果。

风险防控第76招　创新必须要考虑大批量生产

通常，企业创新的投入都比较大，因此，要想快速地收回创新成本，就一定要考虑大批量生产，只有服务的客户越多，才能产生越大的规模效益，从而赚取更多利润，并且在一定程度上降低创新风险。

考虑大批量生产，具体来说，企业需要从以下几方面入手。

1. 能否实现大批量生产

不能实现大批量生产的创新项目，其风险也会很高。企业在创新的过程中，一定要提前考虑批量生产的可行性，并计算由此产生的成本，倘若批量生产的成本很高，生产出来的商品价格必然也会很高，从而影响产品推向市场后的反响情况。

2. 利用关联性打开市场

企业创新要尽可能选择与现有产品相关联的方向，这样可以通过产品组合策略，把关联性单一的市场开发成一个更巨大的市场，从而利用雪球效应来达到拓展市场的结果，再利用其中的循环关系，像滚雪球一样，越滚越大，让消费者能一次性购足。如此一来，顾客要买产品自然就不需外求了，企业的市场也便越做越大了。

3. 增加选择性，满足不同需求

企业创新所提供的商品，要尽量满足差异化，即为不同的客户群体提供尽可能多的选择性，满足不同的需求。比如，微软在开发套装软件的同时，就没有忘记给客户留下选择的余地，以1997年的Office套装应用软件为例，包括至少3种不同的风格，分别是标准版、专业版和小型事务版。还提供了琳琅满目、令人眼花缭乱的选项控制，从而增加了顾客的体验机会与应用选择。

4. 增加更新，完成产品升级

企业推出大批量生产的创新产品后，并不等于一劳永逸，还要定期进行更新，对产品进行再创新、再升级，通过为客户不断提供创新来获得市场竞争力。

风险防控第77招　多家企业联合创新降低风险

在中国科协全国代表大会上，习近平总书记强调要"加快构建龙头企业牵头、高校院所支撑、各创新主体相互协同的创新联合体"。所谓创新联合体，就是企业与科研院所、高校联合建立产业创新联盟等联合创新组织。

实际上，对于企业来说，创新从来都是一个风险高、收益高的活动。如今，不创新已经成为最大的风险，既然创新已经势在必行，那么，怎样降低创新风险，就成为很多企业必须面对的一个重点问题。

大量的创新实践表明：任何一个行业的关键核心创新，都是一项复杂的综合性的工作，这就决定了研发创新并不是单一的创新主体能够承担和完成的。一家普通的企业从创新投入到创新风险承担能力，都是很难支撑其完成行业内的关键核心创新的。从这个角度来说，组建创新联合体是十分必要的，这对于提升创新企业的风险承受能力、创新成功率都有十分积极的现实意义。

如今，与其他机构或组织组建创新联合共同体，已经成为很多企业创新的常规做法。具体来说，联合创新需要做好以下几方面的事情：

1. 做好联合创新合作者的选择

选择与什么组织或机构组建联合创新体，直接关系着企业的创新投入能否在未来带来收益，因此，企业一定要做好联合创新的"帮手"选择。一是要考察对方的创新能力，如有多少专业人才、有什么创新基础；二是要考察对方的创新方向，看其创新项目是否对企业有益，能否转变为企业的竞争优势等；三是要考察对方的信誉情况，尽可能选择与实力强、技术硬、信誉好的组织合作创新。

2. 明确联合创新的投入和收入分成

联合创新，最核心、最关键的问题，就是联合创新的各方要就创新投入、创新成功后所产生的收益明确达成一致。

在实际的联合创新中，这也是最艰难的一点。因为创新联合的各方往往会就创新的投入和收益分配进行多次拉锯战式的谈判，即便是好不容易达成一致，也很可能在执行的过程中出现没有按约定给付足额的创新资金，以及创新中途因看不到前景而暂停创新资金给付等情况。

企业与其他组织组建创新联合体，一定要明确联合创新的各方都分别承担什么责任、给付多少创新资金、享受怎样比例的收益分成；如创新失败，各自要承担怎样的损失等。只有明确了这些，才能保证创新活动的顺利进行。

风险防控第78招　做好技术创新相关的保密工作

创新过程中形成的专业技术资料、数据、成果等都属于企业的无形资产，这些信息一旦遭遇泄露，那么，将会给企业带来难以挽回的巨大损失，甚至直接导致企业创新成果毁于一旦。这就要求企业必须做好技术创新相关的保密工作。

1. 制定保密规章制度

企业要对整个技术创新团队制定出详细的保密规章制度，明确规定"数据禁止拷贝""重要实验室进出登记安检"等具体的保密条款，还要列出泄密、贩卖企业创新技术资料的惩戒处理办法等。当保密制度贯穿到每一个参与创新的工作人员脑海中时，那么，泄密的风险自然会降低。

2. 与创新人员签订保密协议

对于就职于创新团队的员工，企业要提前与其签订保密协议，并约定好离职时的脱密期处理办法等。

3. 成立技术创新保密工作小组

可以根据创新团队的大小以及创新团队内的人员情况，成立技术创新保密工作小组，小组成员与创新团队重叠兼任，明确工作小组的职责、各岗位的职责等。有了专门的人员负责，那么，技术创新保密的工作就会更规范，安全性也更有保障。

4. 划定合理的保密范围

不同的创新项目，其保密范围也会有明显的差异。企业要根据自身的创新项目情况，对保密范围划出清晰明确的界线，防止因保密界线不清导致的泄密风险。

5. 对保密资料分级管理

对于需要保密的文件、资料等，可以根据其重要程度，划分为不同的保密级别，并进行分类管理。规范的管理有助于帮助企业更好地降低泄密风险，快速找到泄密人等。

风险防控第79招　充分保证企业创新所需资金

现代市场竞争中，科技创新带来的高收益，是以高投入为基础的。对于在科技创新上花费的资金，比尔·盖茨这样说："上亿美元，这是个惊人的数字。你们知道，我从来没有料到早上起来会对花掉这50亿美元而感到自豪。我们能不能在编软件上花10亿美元？不，我们不能，这很有挑战性。我们正在解决的问题并不是一夜之间就能成功的。"显然，高额的资金投入，带给盖茨的不是炫富心理，而是对如何高效率使用资金，进而获得科研高回报的焦虑。

连微软这样资金实力雄厚、比尔·盖茨这样富有的人，都对创新资金投入如此焦虑，就更不用说普通企业了。尽管创新需要投入大笔资金，充满了未知的风险，但只要企业决定要进行创新，就必须充分保证创新所需的资金。

具体来说，在科技投入成本的战略管理方面，应做好以下几方面的工作：

（1）举债量力而行，控制财务费用，包括选择规模适当的投资项目。

（2）建立合理、高效的管理组织结构，控制管理费用水平。

（3）创新研发项目要有前瞻性，并准确判断科技发展与商业应用趋势。

（4）为适应专业化经营及管理的需要，研究并完善专业化核算办法。

（5）不但在企业的管理层要推行成本控制，更要让全体员工树立节省成本的概念。

只有注重培养自主创新能力的企业，才能在市场竞争中立于不败之地。为此，企业必须加大科技研发的资金投入。但问题是，投入必须注重产出，在成本控制、项目选择上，决策者要立足现实、瞄准未来。

但是，如何让巨额的投入获得更好的回报，如何提高科技创新资金的使用效率，是一个必须认真考虑的问题。也就是说，在产品开发过程中，必须确保成本领先。

在竞争日益充分的条件下，处于行业主导地位的企业保持优势的主要战略之一是成本领先。日本的产品之所以能够成功地打入欧美市场，与它在成本和价格上的竞争优势有直接的关系。

从产品成本形成的一般过程和特点来看，成本领先取决于3个基本环节：一是能否稳定地获得相对低廉的资源供给；二是能否相对低廉地生产出质量稳定的产品；三是能否相对低廉地储运或向不同的区域市场分配产品。这就要求企业在创新的过程中，要考虑到创新产品的成本是否有优势。

风险防控第80招　务必制定正确的企业创新战略

错误的企业创新战略，会直接把企业引向深渊，这是造成企业创新风险的重要原因之一。要想把企业的创新风险控制在一个安全范围内，就务必要制定正确的创新战略。我们可以运用SWOT这一分析工具，制定出最适合企业的创新战略。

SWOT是由4个英语单词的首字母组成的：Strengths（优势）、Weaknesses（劣势）、Opportunities（机遇）、Threats（威胁）。SWOT矩阵分析，也叫态势分析，是一种通过对被分析对象的优势、劣势、机会和威胁等加以综合评估与分析得出结论，进而结合企业内部资源、外部环境来了解其面临的机遇和挑战，最终为企业战略规划服务的方法，如表8-1所示。

表8-1　SWOT分析工具

内部因素 外部因素	优势（S）	劣势（W）
机会（O）	S-O 发挥优势 利用机会	W-O 利用机会 克服劣势

续表

外部因素 \ 内部因素	优势（S）	劣势（W）
威胁（T）	S-T 发挥优势 回避威胁	W-T 克服劣势 回避威胁

利用SWOT矩阵分析，可以客观准确地分析和呈现企业的现实情况，对于找好企业的创新战略方向十分实用，如表8-2所示。

表8-2 搜狗音乐与网易云音乐SWOT对比分析范例

	搜狗音乐	网易云音乐
优势	1.曲库资源丰富 2.庞大的用户基数 3.会员体系成熟	1.客户端用户满意度高，用户体验较好 2.社区互动氛围强 3.精确地推荐算法，每日歌曲推荐里推送的歌曲，都很符合个人的音乐品位
劣势	1.产品结构复杂 2.用户体验有待改良	热门音乐版权少，曲库资源有待丰富
机会	1.曲库资源是吸引用户的一大利器 2.用户付费习惯已养成 3.明星IP和粉丝经济	1.版权互通共享的趋势 2.用户付费习惯已养成 3."90后"成为音乐市场主体
挑战	竞品差异化运营抢占当前社会主流群体	1.竞争对手强大，占据庞大用户群体 2.盈利模式单一

创新战略方向，简单来说，就是为牵引组织达成创新战略目标，而给出的方向性指引。在明确企业愿景、使命、价值观，分析企业所处的竞争环境，对企业优势、劣势进行SWOT分析后，自然而然地可以找到适合企业自身的创新战略方向。

"失之毫厘，谬以千里。"战略方向上的一点微不足道的偏差，在落实执行层面上可能会产生非常巨大的差异，因此，企业在确定创新战略方向时，对其描述务必要准确、详细。

一是创新战略方向应采用一个含义明确的短语进行描述，其目的是便于在组织内部进行移植理解和便捷的沟通。

二是对创新战略方向进行具体化、可衡量的描述，其目的是保障战略方向的范围、内涵得到准确、一致的定义，以避免对战略方向产生理解偏差。

案例：诺基亚，走错创新赛道的惨痛教训

曾经的诺基亚连续十几年保持着全球手机销量第一的成绩，是全球手机行业当之无愧的"老大"，这位在手机领域叱咤风云的巨人之所以从巅峰跌落至低谷，与其创新之路有着直接关系。

实际上，诺基亚从不吝啬在技术创新上的投入，进入21世纪的十几年中，诺基亚在科技研发方面的总投入高达400亿美元，如此巨额的投入是非常罕见的，相当于当时"苹果"研发投入的4倍。然而，巨额的投入，并没有让诺基亚保住行业"老大"的位置，反而加速了颓势的到来。

诺基亚的创新折戟，一是因为没有充分与市场结合，一些创新成果并没有大规模投入市场，而是留下了一大堆专利并在电影里"秀"了一下，脱离了市场的高投入创新，其风险之大不必多说；二是诺基亚式的创新，并没有选对技术发展的创新赛道。2004年移动互联网已经初步显示出了颠覆市场的发展端倪，但诺基亚不仅没有入局移动互联网，反而放弃了智能手机领域，选择重新回到基本手机的路上。创新战略上的重大失误，让诺基亚朝着没落的方向不断发展。

诺基亚的创新案例充分警示我们：没有市场的创新是徒劳的，没有战略

的创新更是盲目的。创新是企业寻找新增长点的重要方法，但在创新的过程中，一定要注意防控创新风险，只有这样，才能避免企业因创新失误而陷入泥潭。

【小贴士】

近年来，"中国制造"正在朝着"中国智造"不断转变，在国家要求优化提升产业结构，加快推动数字产业化的大背景下，企业要想长期发展，必须要下大力气创新，拒绝创新就等于慢性自杀。

在实际经营活动中，企业管理者对创新风险的认识是比较深入、充分的，因此对待创新往往更谨慎，更不愿意去追加投入，尽管不创新或减缓创新，能够减少创新带来的风险，但很显然，这并非创新风险防控的明智举措。

企业在创新风险防控工作中，不能仅凭对创新风险的好恶来行动，而是要切实建立起全方位的创新风险防控体系：从创新危机识别、创新前的市场调研，到创新的投入比例、创新速度、资金支持等，都要有切实可行的系统性策略。只有这样，才能真正做好企业的创新风险防控。

第九章
扩张风险防控：步子太大企业容易摔倒

风险防控第81招　做好企业扩张能力评估

企业在组织管理和工作规划执行中充满了陷阱和诱惑，业务多元化、国际化、规模扩张等看起来十分诱人，使得企业在确定优先级时往往会陷入"贪婪"的陷阱。要想降低因过度扩张而带来的风险，企业就要在扩张之前，对自身扩张能力做好评估。

1. 扩张是否紧急、重要

一般来说，企业对扩张的要求越紧急，越应该排在前边。从重要程度上来说，越重要的扩张项目越要优先执行，不那么重要的则可以延后执行。我们可以使用划分象限的方法，分别把企业规划中的事项按照紧急和重要程度分别标注在象限中，扩张事项也是如此，这样每一个事情的优先级就非常明确了。紧急、高重要象限的事项要排在最优先的位置，不紧急、低重要的事项排在最后，处于同一象限的事项，再按照紧急和重要程度进行先后排序即可。我们可以根据企业扩张事项在象限中所处的位置，判断出企业是否已经做好了扩张的准备。一般来说，越是扩张项目排在紧急、高重要象限中的企业，其扩张能力越好。

2. 企业是否具备扩张的资源、能力

没有足够的资源和能力作为支撑，企业的扩张必然会很快出现问题，从而形成巨大的扩张风险。企业必须要对扩张背后的支撑资源、能力进行深度、立体式的评估。一是资金、业务上是否适合扩张。倘若企业本身财务状况不佳，显然不适合扩张，否则会因资金链断裂而导致扩张夭折，没有业务上的增长空间而进行盲目扩张，会造成资源上的极大浪费。二是人员队伍上是否适合扩张。因为扩张意味着必须储备足够"分裂发展"的人才，没有人，扩张也就无从谈起。没有储备好扩张后的核心骨干人员，也容易造成扩张后的团队不成熟、没主心骨、不稳定等情况，从而导致扩张计划失败。

对于企业来说，扩张最重要的是千万不要集中大量资源优先去做自己不擅长的事，否则，很可能会一败涂地。

风险防控第82招　合理控制企业扩张速度

过快的扩张速度，使企业难免出现各种各样的状况，比如，团队管理混乱、财务上资金紧张、业务停滞不理想等；而过慢的扩张速度，常常又会让企业错过最佳的扩张时机，影响企业的发展速度。因此，企业要合理控制好扩张速度。

合理控制扩张速度，可以帮助企业有效地防控因扩张带来的风险。企业可以根据短期偿债能力、财务结构（又称财务杠杆）及企业的经营效率和盈利能力分析来判断扩张速度是否合理。

1. 短期偿债能力分析

衡量一家企业现金流动性的指标有两个，一是流动比率，二是速动比率，这两个指标也被称为短期偿债能力指标。它们的计算公式分别是：流动比率＝流动资产÷流动负债；速动比率＝速动资产÷流动负债。其中,速动资产=流动资产-存货和预付费用。

通过具体公式能够看出,速动比率对于偿债能力的衡量是更加严格的。一般来说,如果流动比率保持在2左右,速动比率保持在1左右,那就说明这个企业的短期偿债能力还是比较强的。短期偿债能力太弱,则说明企业的扩张速度过快,应适当减慢扩张速度。

2. 财务结构分析

财务杠杆是企业对手中的资产进行资金融通的一种融资手段。对应于短期偿债能力,衡量企业长期偿债能力需要注意的是企业权益结构的合理性和稳定性。衡量财务杠杆作用也就是分析企业的权益结构,主要会用到以下几个指标:

资产负债率(%)=(负债总额÷资产总额)×100%。计算出的比率越小,说明企业的长期偿债能力越强;

权益乘数=资产总额÷权益总额。这个乘数越大,企业的财务风险就越高。

负债与业主权益比率(%)=(负债总额÷所有者权益总额)×100%。一般这个比率值越低,说明企业的长期偿债能力越强;反之,说明企业利用了较高的财务杠杆作用。

已获利息倍数=息税前利润÷利息费用。这个指标是衡量企业长期偿债能力的最重要指标,也是决定企业能够举债经营的前提条件。指标越高,长期偿债能力越强,说明企业扩张的风险越低。

3. 企业的经营效率和盈利能力分析

企业的经营效率和盈利能力是相辅相成的关系。一家企业如果管理得好,证明它经营能力强,那么,它经营效率就会高,企业的内部资源配置也更加合理,并最终反映在企业盈利能力的增强上。这个企业会不会赚钱，能不能长期赚到钱，考察的是资产利用效率这个指标。企业的资产利用效率越高，证明它越能以最小的投入获得较大的经济效益，得到越高的利润。企业的利润不仅让投资人获得收益，债权人取得利息，还是帮助企业扩张的资金保障。

风险防控第83招　及时升级企业管理能力

企业在扩张的过程中，倘若不能及时升级管理能力，往往会出现管理混乱、管理失序的问题，从而出现组织成员增加但效率不升反降的情况。

提升企业管理能力的方法很多，下面几种管理方法可供参考和借鉴。

1. 模块化管理

模块化管理就是把问题细化，分级别管理，各负其责，管理模式呈金字塔状。简单地说，模块化管理就是专业分工与模块间协调的统一，专业分工是把整体工作进行科学分工，模块间协调是把各模块的工作目标和努力方向统一到一起。一言以蔽之，模块化管理解决的就是专业人各司其职做专业事的问题。

2. 五遍交代法

第1遍，交代清楚事项；第2遍，做一遍给员工看；第3遍，看员工做一遍；第4遍，和员工探讨此事项的目的，做好应急预案；第5遍，要求员工提出个人见解。企业可以把工作拆分成可以完成并检验的步骤，运用五遍交代法，训练员工按照步骤行事。

3. 红绿灯制度

红绿灯制度权责分明，整个模块分为3个节点，项目公司、规划院、总部都要对模块负责，其中项目总经理要对所有节点负责，分管总裁、总裁助理负责所有分管项目的一、二级节点，每个节点都赋予不同的考核分值，其中一级节点15分，二级节点10分，三级节点5分，针对这些节点，万达出台了红、黄两大亮灯机制。

未按照计划达成节点，且延误少于1周的，会亮黄灯，但不扣分，如果能及时补上，黄灯会自动消失，变成绿灯，若黄灯出现1周后，工程量没有补上去，就变成了红灯。但1年之内不能出现3个黄灯，否则，就等于1个红灯，1年内出现3个红灯，就要被炒鱿鱼。

风险防控第84招　人力资源的补充要跟上

企业扩张，意味着业务版图的扩大，业务量的增加，这时候如果没有足够的"得力干将"，很容易陷入"后继无人"的风险之中。因为企业如果没有人作为支撑，那么，扩张是根本无法完成的任务。

通常，为了配合企业的扩张，人力资源需要重点完成两方面的工作：一是新员工的大量招聘，即相当于"招兵"；二是得力干将的培育提拔，刚刚招聘进来的新员工往往是很难承担起核心任务的，只有在经验丰富的"老兵"的带领下，才能更好地"冲锋陷阵"。

新员工的招聘相对容易，而骨干人员的培育选拔则是一个系统性工程。常见的选拔方式包括：

1. 选举制

选举上来的人有群众基础，能得到大家的拥护、支持；选举过程也是员工对被选举人的评价、激励过程，有助于激发被选举人的积极性。

2. 考试制

通过考试，可以发现和选拔人才。可以扭转"走后门"的不正之风，有利于激励人才竞争，营造钻研业务、奋发向上的企业风气。

3. 推荐制

即采用组织推荐、员工推荐、专家推荐、自我推荐与领导审批相结合的方式。推荐制是广泛发掘人才的好形式。要鼓励自荐，因为自荐者较之他荐者更为难能可贵，他们的自信心更强，有干一番事业的内在动力。

4. 聘任制

聘任制或招聘制有利于人才竞争，促进人才交流，能够改变分配中某些专业不对口、学用脱节的情况，有效发挥人才特长，挖掘人才潜力。聘任工作一定严格按照规定的程序进行，并与考试、考核紧密结合，认真进行鉴定。

5. 委任制

主要依靠组织、人事部门对员工的日常考核，由上级领导批准来确定人选。实行这种办法，领导者的思想要端正，出于公心，坚持"任人唯贤"的原则，而不能"任人唯亲"。委任制应坚持民主集中制原则，要与群众评议、民意测验、书面考试相结合。

6. 竞赛择优制

即通过比赛的方法，选拔人才。竞赛择优制有益于激发人们积极向上、奋发进取的精神，可以防止"任人唯亲""走后门"的不正之风。

7. 试用制

一个人才在未被任用之前，对他能担任什么职务，仅仅是一种主观判断，但却不是事实。为防止失误，可采取先试用一段时间，或采用助理制，通过实践锻炼，考察合格后再正式任用。

选拔骨干的方式不能单一，而应该灵活多样，并可把几种方式结合起来运用。

风险防控第85招　做好企业扩张的资金储备

企业扩张必然带来开支的大幅增加，如果没有足够的资金储备，很容易会陷入资金链断裂的危险之中。因此，企业在扩张之前，一定要做好扩张资金需求量的预测，并做好相应的财务预算。

预测企业扩张的资金需求量主要有两种方法：

1. 定性预测法

定性预测法一般适用于企业缺乏完备准确的历史资料的情况，是依据预测人员的经验和主观判断来进行资金需求量预测的方法，主要包括专家调查法、市场调查法和相互影响预测法。

专家调查法，顾名思义，就是向有关专家或权威人士进行咨询的调查方法。首先，企业就预测资金需求量问题咨询专家，得到专家给的初步意见后再通过信函调查、座谈会等形式与本地区同类企业的实例进行比较分析；其次，根据分析结果给出初步意见；最后，得出预测结果。

市场调查法是企业组织人员通过统计抽样进行市场调查的调查方法，

适合分析扩张业务为销售型的企业。

相互影响预测法，即通过专家调查法和市场调查法得到的结果只能预测某一事件的发生概率和发展趋势，难以说明事件与事件之间是否存在联系。相互影响预测法则是对不同事件由于相互作用和联系而产生的概率变化进行分析，从而预测事件未来发生的可能性。

2.定量预测法

定量预测法主要是依据资金的性质和数学模型来进行数量分析的方法，销售百分比法就是一种常用的定量预测法。

销售百分比法是根据销售额与资产负债表中有关项目间的比例关系，预测各项目短期资金需求量的方法，一般可以通过编制预测资产负债表来进行预测。例如，某企业预测第二年扩张后的销售额为300万元，且促销预算是预期销售额的5%，那么，该企业扩张后的促销预算就是15万元。

在使用销售百分比法进行预测的时候，要先进行销售预测，预测未来销售总额和销售增长率，然后计算变动比率，确定资产、负债中与销售额有固定比率关系的敏感项目，从而确定资金需求总额，得到对外筹资所需数额。

其计算公式为：外部融资需求＝预计总资产－预计总负债－预计股东权益。

风险防控第86招　决策应紧紧围绕企业战略

企业是否要进行扩张，并不是由拍脑袋来决定的，而是要紧紧围绕企业战略来进行决策，脱离了企业战略的扩张计划，很可能会因与战略发展方向不符而"沙场折戟"，从而形成一定的风险，影响企业的长远发展。

那么，如何判断扩张决策是符合企业战略发展方向呢？企业可以对内部的六大要素进行分析，从而得出比较客观、科学的结论，如图9-1所示。

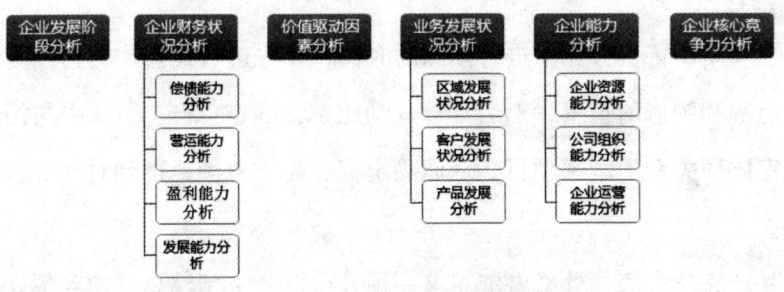

```
┌──────────┐ ┌──────────┐ ┌──────────┐ ┌──────────┐ ┌──────────┐ ┌──────────┐
│企业发展阶│ │企业财务状│ │价值驱动因│ │业务发展状│ │企业能力  │ │企业核心竞│
│段分析    │ │况分析    │ │素分析    │ │况分析    │ │分析      │ │争力分析  │
└──────────┘ └──────────┘ └──────────┘ └──────────┘ └──────────┘ └──────────┘
                  │                          │              │
             ┌────┴────┐                ┌────┴────┐    ┌────┴────┐
             │偿债能力 │                │区域发展 │    │企业资源 │
             │分析     │                │状况分析 │    │能力分析 │
             ├─────────┤                ├─────────┤    ├─────────┤
             │营运能力 │                │客户发展 │    │公司组织 │
             │分析     │                │状况分析 │    │能力分析 │
             ├─────────┤                ├─────────┤    ├─────────┤
             │盈利能力 │                │产品发展 │    │企业运营 │
             │分析     │                │分析     │    │能力分析 │
             ├─────────┤                └─────────┘    └─────────┘
             │发展能力分│
             │析       │
             └─────────┘
```

图9-1　企业内部六大因素示意

一是企业发展阶段分析。企业的发展会经历初创期、成长期、稳定期、衰退期4个阶段，明确企业当前所处的发展阶段对于企业战略方向的规划意义重大。

二是企业财务状况分析。企业战略的制定仅仅是一个开始，落实和执行才是最关键的，而拓展新的业务版图、进行新的经营尝试等，都需要投入资金。企业的财务状况直接关系企业战略的执行，因此，必须要摸清企业的财务状况，重点对企业的偿债能力、营运能力、盈利能力和发展能力进行分析。

三是价值驱动因素分析。并不是所有企业都有强烈的发展驱动，俗话说"火车跑得快，全靠车头带"，对企业的价值驱动因素进行深度分析，可以让我们对企业的发展动力做到心中有数，如图9-2所示。

四是业务发展状况分析。主要从业务的区域发展状况、客户发展状况、产品发展3个层面进行分析。

五是企业能力分析。企业的资源能力、组织能力、营运能力是重中之重。所谓资源能力，就是所能调动的资源情况，能调动的资源越多，企业的能力就越强。组织能力主要体现在人员的管理上。营运能力则反映企业各部门、各机构之间的协同情况。

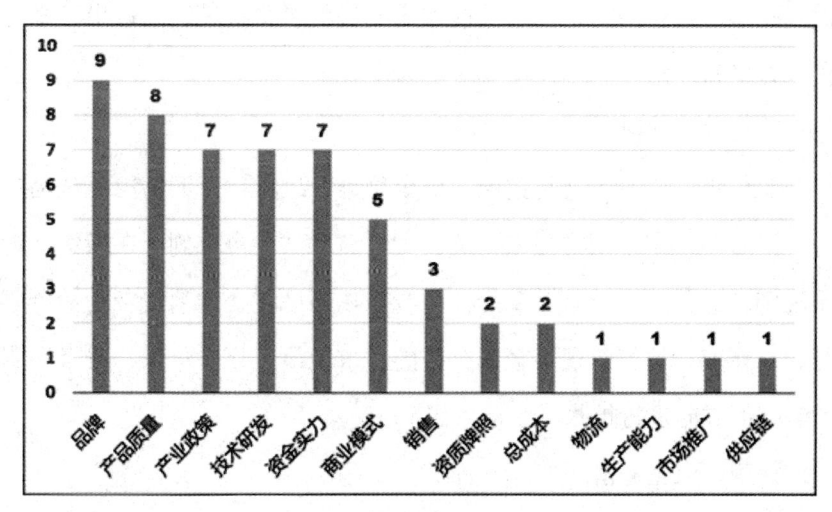

图9-2　价值驱动分析范例

六是企业核心竞争力分析。在竞争越来越白热化的今天，竞争力的强弱直接关系着企业的生死存亡，对企业核心竞争力进行深度分析，能够帮助我们清晰定位企业在整个市场生态中的地位和状态。

风险防控第87招　重视供求规律，不盲目扩张

正如万科集团前董事长王石所说："万科之所以能走到今天，就是因为有稳定的心态，一步一个脚印。在这个社会上，有很多事情是没法超越的，不是你想多快就能多快。"急于求成，盲目扩张往往会让企业在财务上陷入困难的境地，这是许多企业破产的最常见原因之一。

企业在决定扩张之前，一定要重视供求规律，尊重企业实际情况，真正做到实事求是，只有这样，才能作出明确的扩张决策、制订出科学合理的扩张方案和计划。

1. 重视供求规律

企业扩张，最怕的就是按照"历史思维"思考，一厢情愿地认为过去赢得了消费者，未来同样能赢得消费者，这和"刻舟求剑"在做法上没有本质区别。这是一个瞬息万变的社会，市场环境在变，消费者的消费心理和行为也在变，倘若忽视了客观存在的供求规律，盲目扩张，或者在明显逐渐萎缩的方向进行扩张，结果可想而知。

2. 深刻认识企业情况

一是对企业实力、经营者的能力，以及外部市场环境，作出正确、科学的估价，获取能否"做大"的主客观方面的结论。二是切忌急功近利，被眼前利益牵着鼻子走，要注意积蓄力量，做好扩张或高速发展的准备。三是在并购其他公司时，应该从定性和定量两方面权衡利弊得失。四是在

投入一种扩张行动之前，必须仔细规划总的方针和策略。五是充分注意计划的实施和专有技术，以及其他方面的细节，做到万无一失。

许多企业一开始非常风光，可是几年后就陷入了困境，其原因是获得一点儿成就，就得意忘形，知进而不知退，结果盲目扩张、胡乱投资、肆意挥霍，弄得债务累累。事实上，企业扩张是一个充满了风险的过程，只有稳扎稳打，打牢根基，保持合适的发展速度，才能使企业立得住，站得稳，更好地为以后的发展做准备。

智慧的企业家不是在企业发展的高速公路上飞奔时猛踩油门，而是懂得适可而止，保持安全速度，留出安全距离，并且把精神专注于驾驶，随时做好刹车准备的人。

风险防控第88招　做好兼并重组的内部整合

企业在实际管理活动中，并购、重组等都会要求其组织结构进行重新设计或调整。做好兼并重组之后的内部整合，对于降低企业扩张风险是非常重要的。

企业在进行组织设计或调整时，必须要遵循以下七大原则：

一是拔高原则。企业是一个不断成长的组织，随着战略的不断达成和实现，原来的组织结构也会渐渐变得"不合身"，因此，在设计企业的组织结构时，要遵循拔高原则，结合企业发展战略，充分考虑企业未来几年的规模、技术、人员配置情况等，这样设计出来的组织结构才能为企业提供相对稳定且实用的服务。

二是优化原则。企业存在于整个社会中，必然会受到社会环境的影响，优化原则就是企业在设计组织结构时，不仅要充分考虑企业的外部环境以及内部情况，还要寻求二者的最优解。

三是均衡原则。有些企业规模小、组织成员也比较少，因此，一些管理者往往会把不同的职能合并到一起。实际上，这种做法就是违背了均衡原则，对于企业当前没有要求的职能，在设计时不能没有，否则，企业运行一段时间后有要求了，又需要重新对组织进行设计。总的来说，职能不能没有，岗位可以合并。

四是重点原则。企业组织内部的各组成部门，其重要程度不同，比如，技术创新型企业，研发是重中之重；零售和批发类企业，营销和销售是重中之重。每个组织中，都有重点工作与非重点工作、重点部门与非重点部门，组织设计要突出重点，这对于促进组织目标的实现是有积极作用的。

五是人本原则。组织是由人组成的，因此，组织设计必须要充分、全面地考虑人的因素。比如，企业现有人员情况，未来对人力资源的需求等，只有以人为本，才能有效避免因人设岗、因岗找事、冗员等问题。

六是适用原则。组织设计不是为了追求完美，而是为了便于企业和组织成员实际运用，因此，要以适用、好用、方便、快捷、容易上手为目的来进行设计。

七是强制原则。组织设计或调整意味着企业内部的权责划分、人事调整等，必然会引起部分组织成员的消极抵抗甚至是明确反馈，因此，在对组织结构进行设计时，要充分考虑到推行时可能会遇到的阻力，并提前做好应对预案。

第九章　扩张风险防控：步子太大企业容易摔倒

风险防控第89招　找出企业扩张的有效边界

企业扩张并不是规模越大越好，要遵循"边际效应递减"规律，因为当企业扩大到某一个点时，再继续扩张，不仅不能提高单位投入的收益，反而会让单位投入的收益不断下降。

不清楚企业扩张的有效边界，就一直盲目地追求扩张，很可能会让企业陷入"边际效应递减"中，从而带来整体效益的降低。这就要求企业在扩张时，一定要找出自己扩张的有效边界在哪里，从而保证单位投入收益一直保持增长态势。

企业可以通过运用投资回报率来得出自己的扩张边界。当投资回报率开始走低时，说明企业不宜再进行扩张，倘若投资回报率还在高速增长，则说明企业的扩张边界还没有到来。其计算公式为：

投资回报率（ROI）=年利润或年均利润/投资总额 ×100%。

一般来说，该公式中的利润指的是企业的税前利润，也就是说：

投资回报率（ROI）=税前年利润/投资总额 ×100%。

在计算投资回报率的时候，应该先对某一个商业期满时企业所拥有的财产额进行计算，然后减去企业的期始财产（企业最初投资额），将所得出的结果除以企业期始财产再乘以100%，就可得到企业回报的百分比，即所谓的投资回报率。用公式来表示的话就是：

投资回报率(ROI)= 期末财产－期始财产/期始财产 ×100%。

还有一种计算投资回报率的方法，是先计算某一个商业期满时的企业收入，减去企业产品销售成本后，将所得的结果除以产品销售成本再乘以100%。用公式表达为：

投资回报率（ROI）=（收入–产品销售成本）/产品销售成本 ×100%。

举例来说，如果某企业扩张后的某种产品的生产成本为10元，售价为20元，当年销售量为6万件，为了销售产品支出的宣传和销售费用为20万元。那么，该企业的总成本为60万元生产成本加上20万元宣传费用，一共80万元，总销售额为120万元，投资回报率应为：

（120万元–80万元）/80万元 ×100%= 50%。

一般而言，企业可以通过两种方法提高投资回报率：一种是降低销售成本，提高利润率；另一种则是提高资产利用效率。

风险防控第90招 建立企业扩张风险预测

企业扩张的最大风险是资金链断裂，因此，建立扩张风险预测，企业的现金流情况可以作为核心风险预测指标。

分析企业现金流量及其结构，了解现金的来龙去脉和现金收支构成，能够帮助企业了解扩张过程中的经营状况、筹资能力和资金实力。

1. 现金流量构成分析

现金流量分为流出量和流入量，既然是分析构成，就要算一算二者的比例。计算流入量，是比较经营活动现金流入、投资活动现金流入和筹资活动现金流入这三部分各自占总现金流入的比例，如果是经营活动现金流入占比最大，则说明企业近期经营状况向好，现金流入的构成比较合理，扩张风险较小。与现金流入量相同的计算方法，如果经营活动现金流出量占比大，表示企业近期经营状态平稳，现金支出结构较合理。

2. 筹资活动产生的现金流量分析

可以通过企业吸收权益性资本收到的现金量与筹资活动现金总流入量的比值对企业资金实力进行分析，这项比值越大，说明企业的资金实力越强，扩张风险越低。

3. 经营活动产生的现金流量分析

这里可以通过3组数据的对比，来评价企业一段时间内的经营活动：

首先是将售卖商品或提供劳务收到的现金与购买商品或接受劳务支出的现金进行比较。如果二者比值较大，说明企业的销售利润较大，销售回款及时，创造现金能力强。不过，这样的比较需在企业营业情况良好，购销金额平衡的前提下进行。

其次是售卖商品或提供劳务收到的现金与企业经营获得的现金总额进行比较，如果二者的比值较大，说明企业产品销售额占经营活动流入的现金的比重大，表示企业主营业务突出，营销状况良好。

最后是比较本会计计算周期内的经营活动现金净流量与前一期的金额增长率，增长率越高，说明企业成长、发展状况越好。

4. 投资活动产生的现金流量分析

如果一家企业正处于大规模拓展业务或是开发新的利润增长点时期，短时间内肯定需要投入大量的现金，此时如果查看该企业的现金流量表，其投资活动现金净流量这一项肯定是负的，但是这并不能说明这家企业投资失败了。如果该企业的投资有效，经营有道，一定会在未来获得更多利润，产生新的现金净流入以补偿现在的债务，并不会出现偿债困难的问题。所以，分析投资活动产生的现金流量这一项数据，一定要结合企业扩张项目的具体情况来分析。

案例：H企业，盲目扩张后关停300家门店

H企业，是一家连锁火锅企业，以优质的服务而广受大众欢迎。但即便是拥有如此知名度和实力的H企业，也没有躲过"盲目扩张"带来的苦果。

2021年11月，H企业发表公告：决定在2021年12月31日前逐步关停300家左右客流量相对较低及经营业绩不如预期的H企业门店。其中部分门店将暂时休整、择机重开，休整期最长不超过两年。

以往大众对H企业的印象都是"又加开新店"，关停店铺的公告令人惊讶，更何况是300家左右的店铺。

实际上，H企业之所以关停这么多家店铺，与2019年的快速扩张是分不开的。当时的快速扩张策略，使得当时不少门店的选址不佳，扩张速度过快导致优秀的经理数量严重不足，扩张也让不少管理人员疲于应对组织结构变革，加之对过往的KPI指标过于自信，企业文化建设不足等，最终导致了扩张后出现一系列"后遗症"，而"后遗症"最直接的表现就是门店客流量低、经营业绩差。

正如H企业所称的"目前的苦果只能自己一口一口咽下去"。面对盲目扩张带来的后果，只有壮士断腕，为此H企业开展了"啄木鸟"计划，由执行董事兼首席执行官操刀，重点持续关注业绩差的门店，收缩业务扩张，并通过重建强化职能部门、强化内部管理和考核机制等，从而改善经营状况。

H企业关停门店的行动，充分警示我们：企业扩张一定要谨慎，在扩张的过程中一定要注意扩张风险的防控，以免使企业陷入困境。

第九章 扩张风险防控：步子太大企业容易摔倒

【小贴士】

企业快速发展是好事，意味着其规模会由小到大、市场竞争力会由弱变强、所占据的市场份额也会呈现增长态势。但凡事都有两面性，企业在扩张的过程中，也会出现不少因扩张带来的风险。

忽视企业扩张中的风险，等于蒙着眼睛在夜晚狂奔，一不小心就会陷入坑中、跌落悬崖。只有明确识别企业在扩张中的潜在风险，做好扩张风险的防控工作，才能保证企业顺利扩张、安全发展。

总的来说，企业扩张的风险主要来自两方面：一是扩张战略的错误。比如，忽视企业的客观情况，盲目扩张，在企业现金紧张时扩张等。二是扩张过程中的不同步导致的风险。比如，企业过快扩张导致的内部管理跟不上、专业技术人员紧缺、资金紧张等。要想做好扩张风险防控，就要做好扩张能力评估、合理控制扩张速度、明确企业扩张的有效边界，并建立起企业扩张风险预警机制。

第十章
法律风险防控：企业经营要守法、合规

风险防控第91招　选择适当的企业组织形式

不同的企业组织形式，优缺点不同，内部经营模式也不同，选择适合自身的组织形式，对于企业防范法律风险是有积极意义的。

我国企业的组织类型有3种：独资企业、合伙企业、公司。

1. 独资企业

独资企业，顾名思义，就是一个人投资经营的企业，负责人就是企业投资者。这种组织形式的优点在于设立和解散的程序都很简单，但也有一定的缺点，一是企业与所有者是紧密捆绑在一起的，企业投资者对企业负有无限个人责任，简单来说，独资企业负债，在资不抵债的情况下，企业所有人是要承担剩余债务并偿还债务的；二是独资企业的资产所有权、使用权和经营权高度统一，因此规模小，且难以扩大规模。

2. 合伙企业

合伙企业，顾名思义，就是由两个或两个以上的合伙人出资成立的企业，其典型特征是合伙人共同出资、共同经营、共享收益、共担风险。需要注意的是，合伙企业不具备法人资格，和独资企业一样难以扩大规模，但筹资能力、竞争能力比独资企业要强。另外，并不是所有组织都可以成为合伙人，上市公司、国有独资公司、国有企业、公益性社会组织团体都不能成为合伙企业的合伙人。

3. 公司

公司是社会中最常见的一种企业组织形式，具备独立法人资格，分为两种：股份有限公司和有限责任公司。公司的最大优点是所有权与经营权的分离，公司股东承担有限责任，当公司出现资不抵债的情况时，可以申请破产，而股东则不必承担连带偿债责任。也正是这个原因，市场主体中"公司"这种组织形式最多、最常见。

公司的设立要严格遵循《中华人民共和国公司法》（简称公司法）的规定，现行的公司法于2018年10月26日通过并施行。新公司法全文包括公司的设立、组织机构、股权股份、管理人资质、财务、合并分立、增资减资、解散清算以及外国公司等内容。严格按照公司法设立、经营的企业可以非常有效地防范企业的法律风险。

风险防控第92招　搭建好企业总体股权架构

无数企业创始人、老板、合伙人都在股权架构上吃过亏，轻则多交税、IPO上市受阻，重则损失上千万元，甚至自己一手创办的企业却被净身出局。要想规避由股权带来的风险，就要给企业设计出一个合理的股权架构。

股权架构，本质上是为了帮助企业的发展，方便企业融资，尤其是对于创业型企业或中小型企业来说，股权架构显得非常重要，股权架构可以明确合伙人的权、责、利，是企业进入资本市场的必要条件。对于企业来说，股权架构还是影响企业控制权的一大因素。

一般来说，常见的股权架构主要有以下3种类型：

1. 一元股权架构

一元股权架构是指股权的股权比例、表决权（投票权）、分红权均一体化，直接按各自出资份额分割股权、分享股权决策权及分红权，这是最简单、较传统的股权架构类型。这种股权分配方案十分简单，但也存在一定弊端，由于股东之间的股权比例根据出资份额确定，因此，对于企业创始人来说，其所掌握的企业控制权缺少自主性和灵活性，由此可能会出现企业因融资或他人恶意争夺企业控制权而丧失对企业的控制。

2. 二元股权架构

二元股权架构是指股权在股权比例、表决权（投票权）、分红权之间做出不等比例的安排，将股东权利进行分离设计。目前，这种股权架构类型在国外非常普遍，它比一元股权架构更灵活，能帮助创始人和大股东在企业上市后仍保持对企业的控制权。

我国公司法第四十二条明确规定："股东会会议由股东按照出资比例行使表决权；但是，公司章程另有规定的除外。"尽管我国上市企业不允许采用这种二元股权架构，但实际上，公司法为股东通过章程设定二元股权架构安排预留了空间。

3. 多元股权架构

这种股权架构类型，是将企业的股东分为多个类型，创始人、合伙人、员工、投资人、资源股东等，然后，针对他们的权利进行整体性安排，以实现促进投资者进入、维护创始人控制权、凝聚合伙人、让员工共享企业发展成果等目标。

总的来说，多元股权架构有利于企业整体的快速发展，符合企业治理需求，而不是追求个别股东利益最大化，能够充分考虑企业各类主体间的利益关系，以及各类主体对企业本身的贡献等多方因素，来指导股权的划分思路。

对于企业的发展来说，合理的股权架构可以发挥出巨大的价值：一是可以明晰股东之间的权、责、利，能够体现各股东之间对企业的贡献、利益和权利而充分调动各股东的积极性；二是合理、稳定的股权结构和恰当的退出机制，可以维护企业和项目的稳定；三是在引入投资稀释股权时，能确保创始人和创业团队对企业的控制权；四是有利于企业顺利上市，走向资本市场；五是可以有效避免出现企业股权僵局或股权争议等。

企业股权的设计往往并不是一蹴而就的，而是一个在企业发展中不断完善的过程。作为老板，我们要清楚股权的力量，股权架构可以解决的并不仅仅是分割股权比例的问题，还可以凝聚更广泛的关于企业生存、发展所需要对接的资源，比如，技术入股、高管股权激励、全体员工持股等，运用好企业股权可以让企业的发展如虎添翼。

风险防控第93招　依法分配企业的经营利润

企业利润在进行分配之前，必须要先缴纳企业所得税，股东取得的利息、股息、红利所得也应该征收个人所得税。此外，企业还必须依法按照既定顺序分配利润。

我国公司法严格规定了企业利润分配的顺序，具体顺序如下：

第一步，计算可供分配的利润。

企业财务人员要先计算出可供分配的利润，可通过将本年净利润（或亏损）与年初未分配利润（或亏损）合并来得出计算结果。倘若计算结果显示可供分配的利润为负数（亏损），那么，则不必进行利润分配；倘若计算结果显示可供分配的利润为正数（本年累计盈利），那么，则需要对利润进行分配。

第二步，计提法定盈余公积金。

按照公司法规定，法定盈余公积金按照税后净利润的10%提取。倘若法定盈余公积金已达注册资本的50%，则可不再提取。需要注意的是，提取盈余公积金的基数，既不是可供分配的利润，也不一定是企业本年度的税后利润。提取的法定盈余公积金只可用于转增资本金或弥补以前年度亏损。如果是用于转增资本金，那么，留存的法定盈余公积金不得低于注册资本的25%。只有不存在年初累计亏损时，才能按本年税后利润计算应提取数。需要注意的是，企业以前年度亏损未弥补完，不得提取法定盈余公积金和法定公益金。在提取法定盈余公积金和法定公益金之前，不得向投资者分配利润。

第三步，计提任意盈余公积金。

任意盈余公积金，即企业从净利润中提取的各种积累资金，比如，专门用于企业职工福利设施支出的公益金就属于盈余公积金，按照《公司法》规定，法定公益金按税后利润的5%~10%提取。

第四步，向股东（投资者）支付股利（分配利润）。

不管是哪一种经营形式，都必须遵守上述分配顺序。需要注意的是，股份有限公司在分配顺序上存在一定的特殊性，需要先提取法定盈余公积金和法定公益金，然后，按照支付优先股股利、提取任意盈余公积金、支付普通股股利进行利润分配。

风险防控第94招　做好公司的资本管理工作

资本对于企业来说，是一把双刃剑，通过融资、筹资、发行股票等方式吸纳进来的资本，可以帮助企业更好、更快地发展，但如果管理不善，则很容易被"反噬"，让企业产生更严重的危机。

那么，企业怎样才能做好资本管理工作呢？

1. 加强负债融资管理

有些企业会适当利用负债经营的方式，提高市场竞争力，以促进企业发展。然而，负债经营方式一旦使用不当，就会让企业陷入濒临破产的危险境地之中，因此，在进行负债融资的时候，企业必须加强相关的财务管理工作。

企业必须树立好负债经营的风险意识，根据市场情况，健全财务信息网络和风险预防机制，以预测和防范财务风险。企业在负债融资的时候，必须确定好负债数额，并严格保持负债比率。此外，还要不断优化企业资金结构，在获得财务杠杆利益的同时，做好筹资风险损失的预防工作。

2. 加强成本效益管理

根据成本效益管理的有关理论，制定具体管理措施。必须明确划分企业内部工作的职权，通过岗位责任制将责任落实到每一个人。加强完善企业内部的应收账款和成本分析，建立内部财务结算办法，确保每一笔资金能够被合理使用。此外，还要积极地对呆滞的资金进行处理，用活流动资金。对资金的最大限度、最高效率的使用，就是在降低资本使用的成本和风险。

现在我国的很多企业的融资渠道都较为单一，不利于企业优化资本结构。在资本市场中，企业获得资金的融资方式多为股票发行，而我国企业财务涉及债券市场的部分较少，融资方式多为银行贷款。尽量拓宽企业的融资渠道，也可以有效降低企业的风险。

风险防控第95招　企业合同的监控与管理

在现代企业中，合同是开展经济活动的重要法律依据，因为合同欺诈、合同隐藏陷阱等导致的风险屡见不鲜，倘若在签订合同之前，不能有效识别其风险，合同签订后因管理不善导致外泄、丢失等，都会给企业带来经营风险。因此，企业要做好合同的监控与管理工作。

1. 专业人士拟定合同

大企业一般都有自己的法务团队，拟定企业的合同、审核合作往来的合同，都由专业法律人士负责，风险比较可控。小企业由于业务少，缺乏专业的法务人员，因此，合同的拟定往往非常草率，网上随便下载一个模板、把其他企业的合同随便改一改等都是常见操作，殊不知，这种做法看似省事，却埋下了风险和隐患。合同的拟定以及审核，最好是由法律专业人士来承担，没有法务人员的企业，可以通过付费去咨询律师的方式来解决，花点小钱就可以有效防控风险。

2. 加强合同管理

一是加强合同的规范化管理，即凡是签订的合同都按照统一制式，以免出现多种多样的合同；二是加强合同的保管，比如，建立合同的电子档案存储制度；三是加强合同履行过程中关键节点的管理，比如，在交货、结款等重要环节，及时预警合同中约定的时间点，提醒相关负责人及时做好货物交接、款项结算、发票开具等具体工作，加强对合同进度的管理，能够非常有效地提升企业经营活动中的效率，降低呆账、死账出现的概率。

此外，企业对合同的管理，还要做到流程清晰，从待审批、待归档到待签署、重要节点履行情况提醒和记录等，都要一一地在办公系统中加以详细记录，并供相关人员随时查阅。

需要注意的是，《中华人民共和国民法典》自2021年1月1日起施行，该法典明确规定了物权、合同、侵权责任等内容，原担保法、合同法、物权法、侵权责任法已经被废止。

风险防控第96招 劳动用工法律风险的防范

劳动用工是企业容易出现法律风险的一个重要方面，对此企业一定要做好相关风险的防范工作。

1. 不招聘尚未结束劳动关系的员工

企业在招聘活动中，常常会遇到尚未离职的候选人，面对这种情况时，企业不能招聘与其他单位尚未解除劳动合同或终止劳动关系的员工，否则，需要与招聘员工一起承担给其原单位造成的损失。尤其是在招聘技术人才、稀缺人才时，企业更要注意这一点。要求入职员工提供上一份工作的离职证明，是一个比较常规有效的处理办法。

2. 注意招聘人员是否健康

法律明确规定，劳动者患病或非因工负伤，企业不能在规定的医疗期内与其解除劳动合同。要想规避这种风险，企业就要注意招聘人员的健康状况，在入职时进行健康体检是一个比较好的方法。另外，有一些特殊岗位健康风险或安全风险比较大，一旦员工出现意外或职业病等，企业应当承担职业病和工伤引发的相关的费用。因此，对于这类岗位，企业最好给员工缴纳补充商业保险，可大大降低由此带来的成本激增风险。

3. 及时处理不辞而别的员工

通常企业对员工擅自离职的情况都不会作专门处理，这时，一旦员工回过头来要求工资、经济补偿等，企业就会面临败诉。要想规避此类风险，企业就要及时处理不告而别的员工，首先，以书面形式给员工送达通知书，要求其在一定时间内回公司上班；其次，写明逾期不能回到岗位的处理措施，当其行为达到解除劳动合同标准时，企业自然可以依法行使解除劳动合同的权利。

4. 依法给员工缴纳社保

企业不给员工缴纳社保属于违法行为，即便与员工签订了关于同意不缴纳社保的协议，也没有法律效力。如今，社保已经由税务部门负责收缴，企业不缴纳社保的法律风险比从前更大了，不交社保，企业要面临缴滞纳金及行政处罚、员工主张的赔偿等，如发生工伤事件，要自行承担全部后果。需要注意的是，意外险等商业保险只可以作为补充险，不能替代社保。

第十章　法律风险防控：企业经营要守法、合规

风险防控第97招　防范企业借贷与担保风险

出于资金周转的需要，企业与企业之间常常会有相互借贷、相互担保等行为，尽管这种做法可以让企业快速解决资金周转上的问题，但实际上借贷和担保活动中的风险也不小，因此，企业一定要注意防范借贷和担保活动中的风险。

1. 严控借贷中的风险

在实际经营活动中，企业与企业之间的借贷风险是很大的。一般来说，企业借贷会首选银行，但实际上很多企业是不具备在银行贷款的条件的，但又非常急需资金。于是，企业与企业之间的借贷行为也就应运而生。从我国法律来看，目前企业与企业之间的借贷活动并没有明确的法律保护。

要想严控借贷中的风险，不妨以法人代表或个人名义将资金借贷给其他企业，其资金也需要从法人或个人账户支出，在资金借出之前，双方要签订借款协议，如果是金额较大的资金，还要约定好抵押物。

在资金借出之前，要考察对方的借款用途，确保对方使用款项的合法性，如果明知对方借款是用于从事违法犯罪活动，那么，借款是不受法律保护的，无法收回资金的风险会大得多。

在约定借款利息时，一定不要高于同期银行贷款利率的4倍，否则，也属于违法，因为高出其4倍的利息部分不受法律保护。

2. 严控担保中的风险

在实际经营活动中，企业有时会要求债务人提供担保，也会以担保人的身份为债务人向债权人提供担保。担保的种类有两种：一是人保，有连带保证和一般保证；二是物保，有抵押、质押和留置。不管是哪种担保，都是存在风险的。要想严控担保活动中的风险，企业的担保行为就要严格遵守公司法等法律的有关规定，保证担保文件必须有法人签字并加盖企业公章，还要注意核实担保文件中各项信息的真实性。

《中华人民共和国民法典》自2021年1月1日起施行，原担保法已经被废止，企业在开展借贷和担保活动时，注意要以民法典中的法律规定为准绳。

风险防控第98招　不可忽视的知识产权风险

21世纪是一个知识经济时代，大众对知识产权的认识越来越深入，国家对于知识产权的保护越来越规范，企业在经营活动中，一定不能忽视知识产权方面的风险，否则，很容易陷入法律纠纷，产生声誉受损和经济赔偿双重损失。

那么，企业怎样防范知识产权方面的风险呢？

1. 先获得授权再使用

音乐、文学作品、图片、绘画等均属于我国著作权法保护的作品类型，公开、商业性的宣传使用需要获得作者授权，而且，应该是"先授权后使用"。技术专利、商标等的使用，也要取得授权之后才能够使用。

在企业宣传活动中，还要注意取得肖像权的许可，不能在公开、商业性宣传中呈现未得到授权的自然人肖像等。

2.直播宣传必须获得授权

判断某种使用形式和行为是否涉及他人的著作权，并不是以是否盈利为标准的，而是要看这种行为是否影响或者妨碍到著作权人自己正常使用作品。以在网络直播中制作的广告以某音乐作品作为背景音乐为例，音乐作品的词曲作者或者其他著作权人可以通过网络直播表演自己的音乐作品，那么，其他人以同样的方式使用作品就会影响到著作权人对自己作品的正常使用，因此，企业使用作品应当取得著作权人的授权。

无论是否盈利，直播平台的传播行为都具有商业性质，主播在直播室演唱歌曲的行为属于向公众传播对作品的表演，不符合合理使用的规定。

当企业出现侵权现象时，要在第一时间先停止侵权行为，然后，根据实际情况谨慎选择应对策略。如果知识产权受损方提出的赔偿和要求合理，则可以在友好谈判的基础上达成和解；如果对方主张的赔偿不合理且非常强硬时，可以通过法律途径来处理。

风险防控第99招　企业注销也要守法、合规

企业因经营不善破产或其他原因决定结束经营时，放置不管会产生一定的法律风险，这时一定要依法、依规进行注销。

企业注销的步骤如下：

1. 清算

首先成立清算组，其次，开展清算工作。现行的新公司法明确规定了清算组的职权，即清理企业财产，分别编制资产负债表和财产清单；通知、公告债权人；处理与清算有关的企业未了结的业务；清缴所欠税款以及清算过程中产生的税款；清理债权、债务；处理企业清偿债务后的剩余财产；代表企业参与民事诉讼活动。

清算期间，企业存续，但不得开展与清算无关的经营活动。企业财产在未清偿前，不得分配给股东。企业在到登记机关办理注销手续之前，必须要把清算工作完成。

企业清算结束后，清算组应当制作清算报告，报送股东会、股东大会或者人民法院确认，并报送企业登记机关，申请注销企业登记，公告企业终止。

2. 注销前的材料

企业清算后、注销前需要出具和准备一系列材料，包括：清算组负责人或法人签署的《公司注销登记申请书》；清算组成员出具的《备案确认申请书》；法院破产裁定、行政机关责令关闭的文件或企业依照公司法做出的决议；股东会或者有关机关确认的清算报告；刊登注销公告的报纸报样；法律、行政法规规定应当提交的其他文件等。

3. 登记并注销

企业要分别前往社保局、税务局、市场监管局、开户行、公安机关等进行登记并办理注销。

第十章　法律风险防控：企业经营要守法、合规

风险防控第100招　对诉讼相关事宜的处理

借款纠纷、买卖纠纷、保险纠纷、施工纠纷、商标纠纷、专业纠纷、劳务纠纷……企业在实际经营活动中，遇到诉讼是在所难免的，要想彻底避免企业出现诉讼风险是不可能的，但妥善合理地处理诉讼方式，可以有效控制企业的诉讼风险。

在互联网时代，任何一个企业的诉讼判决都会上网，过多的诉讼会影响企业信誉，给企业的经营活动造成影响，假如在诉讼中败诉的话，还要面临数额不等的赔偿金，增加企业的运营成本。因此，严控企业的诉讼相关风险是非常有必要的。

那么，当企业出现诉讼事件时，具体应该怎么做呢？

1. 制定诉讼策略

诉讼发生后，企业要做的第一件事是关注案件的直接发生原因，这直接影响对该案的预期，不同的预期决定了不同的诉讼方向，从而影响诉讼策略的制定；第二件事是深入了解案件事实情况，并作好相关证据的收集；第三件事是确定诉讼目标。

做完以上3件事，就可以结合实际情况制定诉讼策略了，并对财产保全、诉前禁令、申请法院调查取证、司法鉴定等具体举措做出比较具体的初步安排。

2. 推进诉讼流程

通常，推进诉讼流程是法务或律师的分内工作，对于有法务或专业律师团的企业，可以直接交由专业人士负责，并全员配合其工作，如果是没有法务或律师的小企业，可以通过聘请律师的方式来处理，这时要确定一名负责与律师进行工作对接的人员，一起协助律师完成诉讼流程的推进。

3. 使诉讼利益最大化

企业要注意诉讼利益的最大化原则，有时诉讼可以帮助企业要回被拖欠的账款、成为企业营销宣传的工具、回应被质疑的"官方"证明等。因此，企业在应诉之前，要认真分析诉讼案件的情况，并结合企业的实际情况，尽可能制订出让诉讼利益最大化的综合性方案。

案例：瑞幸咖啡"22亿财务造假案"

瑞幸咖啡，曾经是中国市场第一大咖啡连锁品牌，是一家能够与星巴克比拼的企业，2019年5月17日，凭借其出色的业绩成功在美国纳斯达克上市，IPO发行价17美元。彼时，谁也没想到这家前景一片光明的企业，会在一年后因财务造假而被摘牌。

2020年4月2日，瑞幸咖啡自曝：审计2019年年报发现问题，随后董事会立即成立了特别调查委员会，经过调查发现，企业2019年二季度至四季度期间，伪造了22亿元人民币的交易额，相关的成本和费用也相应虚增。

财务造假的消息一出，令人大跌眼镜，瑞幸咖啡当天股价暴跌75.6%，市值缩水至16亿美元。

遵纪守法是企业经营最基本的行为准绳，任何违法违规行为，都会受到应有的惩罚。瑞幸咖啡也不例外，40多天后，瑞幸咖啡收到了美国证券交易委员会上市资格部门的书面通知，纳斯达克交易所决定将其摘牌。

瑞幸咖啡的例子，充分警示企业：一定要遵纪守法，一定要重视法律风险的防控。一切漠视法律风险的企业，都将被惩罚，只有合法合规经营，企业才能获得更好、更长远的发展。

【小贴士】

企业作为市场经济活动中的主体，从企业的设立、股权架构、经营到签订合同、开具发票、报税，再到破产、解散，都要严格按照法律的要求来行动。

法律风险对于企业来说，是直接关系企业信誉、形象和正常经营的重要风险之一。因违法、违规而遭受行政处罚，给企业带来的负面影响是立竿见影的，这就要求企业必须要做好法律风险防控。

总的来说，企业的法律风险主要来自两方面：一是来自行政部门的风险，比如，公司设立、股权架构不符合公司法要求，没有依法依规纳税，在申报企业相关材料时弄虚作假等，都会面临主管部门的警告、处罚等；二是来自企业经营活动中的法律风险，比如，侵犯劳动者合法权益、与合作伙伴产生债务纠纷、与金融机构产生的借贷纠纷、因担保而出现纠纷、侵犯或被侵犯知识产权等，诸如此类的纠纷，最后往往会通过法律的渠道来解决，从而产生相应的法律风险、诉讼风险。

从设立到注销，企业的所有行为都要守法、合规，切不可存在侥幸心理，只有这样，才能真正做好法律风险防控工作，防止企业因法律风险而陷入困境。